日経文庫

NIKKEI BUNKO

はじめての著作権法

池村 聡

日本経済新聞出版

はじめに

本書をお手に取っていただき、ありがとうございます。

本書は、もともと「月刊コピライト」という著作権業界専門誌で2016年から2017年にかけて1年間掲載された「ざっくりさくっと著作権」という連載がベースになっています。この連載は、著作権法のことを文字通り「ざっくり」、そして「さくっと」学ぶことを基本コンセプトとした著作権初心者向けのもので、幸い多くの支持を得ることができましたが、見開き2ページの全12回という量的な制約があったため、触れたくても触れることができない内容も色々とありました。本書は、「ざっくりさくっと著作権」のコンセプトを踏襲し、より内容を充実させた著作権法の超・入門書です。

著作権業界には、（筆者も多少そのケがあると自覚していますが……）著作権マニア、著作権オタクな方が数多くおられますが（筆者的には、弁護士のT・M先生やW大学のT・U教授、放送局TのH・Hさんといった偉大なる諸先輩方の笑顔が真っ先に頭に浮かびます。これらが誰のことを指しているのか分かるようになれば、一人前の著作権業界人です）、本書は、こうしたマニアックで玄人な方々を対象とするものではありません。著作権業界に新たに足を踏み入れた方（ようこそ！）、著作権法に初めて興味を持った方、著作権法のことを勉強する必要に迫られた方、そういった著作権法の初学者の方々を対象に、著作権法の基本的な内容を、適宜最新情報等も交えつつ、とにかくできるだけ分かりやすく説明することに徹しています。

本書を通じて著作権法に興味を持っていただくとともに、読了時には著作権法の基本を身につけていただければと思います。それに留まらず、マニアックな奥の細道に足を踏み入れていただくきっかけにもなれば望外の喜びです。また、既にある程度、著作権法に関する知識をお持ちの方々にとっても、基本知識のおさらいとして、あるいは、社内研修等を行う際の参考として、活用していただけるような内容にしたつもりです。

なお、説明に際しては、極力具体例を挙げることを心がけましたが、私の世代や出身地にまつわる例がつい多くなってしまいました。その点は予めご容赦いただければと思います。

さて、「著作権」あるいは「著作権法」という言葉は我々の日常生活でもよく見聞きするようになりました。テレビや新聞、あるいはネットメディア等で著作権に関する事件の報道に接することも少なくありません。そして、最近は、そうした著作権関連事件について、ネット上で、SNS等を通じて様々な議論が行われ、時には「炎上」と呼ばれる事態にまで発展してしまうこともあります。

比較的記憶に新しいところでは、五輪エンブレム、そしてデザイナーの佐野研二郎さんを巡る「炎上」事件が挙げられますが、筆者は、非常に違和感をもって、そしてある種冷めた目で一連の報道や炎上騒動を見ていました。とりわけネット上では、五輪エンブレムをはじめ、佐野氏の作品はあれもこれも著作権侵害であるといった論調であったように感じましたが、こうした論調は筆者の感覚とは大きく乖離しています。実際に著作権侵害と評価されるような作品はごく一部に過ぎないと考えていますし、私が議論をした限り、同僚弁護士や研究者といった著作権専門家の意見もほぼ同様です（→131ページ～）。

筆者としては、こうした乖離が生じる背景には、「著作権」が多くの国民にとって身近なキーワードになった一方で、著作権法の基本的な知識はまだまだ浸透していないことがあると考えています。分からないことがあれば書籍で調べたり、恥を忍んで先輩などに教えを請うたりといったことをした時代と異なり、今ではネット上でさくっと検索し、それで分かった気になってしまうというケースが非常に多く、著作権法についても同様です。もちろん、ネット上にも正確で良質な記事が沢山ありますが、良くも悪くも玉石混交であり、残念ながら不正確な記事も少なくありません（念のため言えば、弁護士等の専門家によるものだからといって正確な記事とは限らないのが実情ですのでご注意ください）。そうした記事を少し読んだだけで、著作権法のことを知ったつもりになっている人が多く存在しているように感じています。著作権法に限らず、どんな法律でもまずは基本をしっかり押さえることが非常に重要ですが、基本的な知識を欠いたまま、著作権法について、適当にかじっただけで知ったかぶる人が残念ながら少なくないように思えてならないのです。

本書は、このような現状を踏まえ、基本的な知識をしっかり身につけていただけるような記述を心がけたつもりです。とはいえ、あくまで「ざっくりさくっと」がコンセプトですので、気楽に読み進めてください。なお、本文中、著作権法の条文番号を載せた部分は、可能であればスマホなどで検索するなどして、実際の条文を眺めていただくとよいと思います。

さて、イントロはこのくらいにして、徐々に中身に入っていきましょう。

2017年12月

池村　聡

【目次】

第1章　著作権法の目的

～なぜ著作権を保護するのか～

著作権とはどんな権利か？

早速ですが、冒頭から連呼している「著作権」とは、一体どんな権利なのでしょうか？まず、著作権は、**著作権法**という法律によって認められている特別な権利です。そして、著作権を持っている者のことを「著作権者」と言います。著作権者は、個人である場合もありますし、会社や国、地方自治体等の団体である場合もあります。

そして、著作権とは、ざっくり言えば**「著作権者」が他人に「著作物」を無断で「利用」されない権利**です。言い方を変えると、**「著作権者」が「著作物」の「利用」をコントロールできる権利**と言ってもよいでしょう。あるいは、**「著作権者」が「著作物」を無断で「利用」されたら文句を言える権利**なんて言い方もできるかと思います。

たとえば、小説は著作物であり、著作権の保護を受けるわけですが、小説が著作権という権利で保護されるがゆえに、小説を出版したり映画化したりして利用するには、著作権者である小説家から事前に許可を得る必要があり、小説家の許可を得ずに、つまり小説家に無断でこうした利用をしてしまうと、著作権侵害として違法行為、著作権法違反に当たります。そして、小説家は、無断利用者に対し、無断利用をやめるよう求めたり、損害賠償を請求したりすることができます。また、最悪の場合、無断利用者は逮捕・起訴され、懲役△年の実刑判決をくらうなんてこともあり得ます。このように、著作権というのはとても強力な権利であると言えます（↓詳しくは第11章）。

なぜ著作権を保護するのか？

それでは、国はなぜわざわざ著作権法という法律まで作って著作権なんていう権利を保護しているのでしょうか。著作権法の第1条は、著作権法の目的を定めている条文ですが、そこにはこう書いてあります。

> （目的）
> 第1条
> この法律は、著作物並びに実演、レコード、放送及び有線放送に関し著作者の権利及びこれに隣接する権利を定め、これらの文化的所産の公正な利用に留意しつつ、著作者等の権利の保護を図り、もって文化の発展に寄与することを目的とする。

さすが、著作権法でトップバッターとして登場する条文だけに、なかなかに格調高い文章でありますが、著作権法は「著作権を保護することにより文化の発展に寄与すること」を目的とした法律だというようなことが、何となく分かるかと思います。つまり著作権法は、「**著作権を保護すれば文化の発展に繋がる**」という前提に立った上で、著作権という権利を認めているわけです。

それでは、なぜ著作権を保護すると文化の発展に繋がるのでしょうか。先ほどの小説の例で、

もしも著作権が保護されない世界だったら〜

と想像してみてください。

とある貧しい小説家が何年もかけて、苦労に苦労を重ね、感動的な長編小説を書き上げたとします。著作権が保護されない世界であれば、出版社が小説家に無断でこの小説を出版してもOKです。もちろんこの小説が大ベストセラーになっても小説家にビタ一文印税を支払う必要なんかありません。出版社丸儲けです。また、その小説を面白いと思ったテレビ局がテレビドラマ化したいと考えても無断でやってしまって全然OKです。小説家の許可を得たり、そのために小説家や出版社と面倒な交渉をしたりする必要も、そして多額の原作使用料を支払う必要も、一切ありません。

あぁ何て素晴らしい世界!!

……なのでしょうか??

落ち着いて小説家の気持ちになってみると、苦労して書いた小説が無断で出版され、無断でテレビドラマ化され、しかも1円も自分の懐に入ってこない世界なんて、とんでもない世界なわけで、大金持ちが道楽で小説を書いているような場合はともかく、普通は「苦労して小説なんて書くなんてバカバカしい！　時間の無駄だ！　やってられるか！」と考えるのではないでしょうか？　そして、こんな世界では、小説家を志す人が誰もいなくなってしまい、文学という文化が発展することは到底望めないのではないでしょうか？

そうではなく、小説を書けば小説家に著作権という権利が認められ、出版やドラマ化等の利用を行う際には事前に小説家の許可を得なければならないというルールにすれば、小説家としては、たとえば、「出版してもいいですが、そのかわり売上に応じて一定の対価（印税）を支払ってください」「ドラマ化しても構いませんが、原作利用料として○○円を支払ってください」といった交渉をし、契約をすることが可能になります。魅力的な小説を書けばその分収入に繋がるわけですので、頑張って小説を書こうという意欲が湧き、それが新たな作品の創作に繋がり、こうした循環、いわば**創造のサイクル**によって、小説家が一つの職業として成り立つことになり、ひいては文学という文化の発展に資することになるでしょう。そして、このことは、もちろん文学に限らず音楽や美術といった他のジャンルにも同様に当てはまると考えられます。

著作権法は、このように考え、著作権という権利を保護しているわけです。

著作権を学ぶ五大ポイント

繰り返しになりますが、**著作権は、「著作権者」が他人に「著作物」を無断で「利用」されない権利**です。そして、このことからいくつかのポイントが導かれます。

まず、そもそも著作権は「著作物」という特別なものに対してだけ認められる権利ですので、

① 著作権が発生する「著作物」とは何か

が最初のポイントになります（**権利の客体→第2章　21ページ〜**）。

次に、著作権は誰でも主張できる権利ではなく、「著作権者」という特別な者だけが主張できる権利ですので、

② 著作権を主張できる「著作権者」は誰か

も重要なポイントです（**権利の主体↓第3章　59ページ～**）。

また、著作権は、著作物のあらゆる利用をコントロールできる権利ではなく、特定の「利用」行為に対してだけ及ぶ権利です。したがって、

③　著作権者に無断でやってはいけない利用行為はどういった行為なのか

も押さえなければなりません（**権利の内容↓第5章　95ページ～**）。

また、著作権者に無断でやってはいけないとされている利用行為（③）であっても、色々と例外がありますので、

④　著作権者に無断で自由に著作物を利用できるのはどんな場合なのか

も、押さえておく必要があります（**権利の制限↓第8章　１５３ページ～**）。

最後に、著作権は未来永劫保護されるわけでなく、著作権法で決められた一定の期間だけ保護されますので、

⑤　著作権が保護される期間はどのくらいなのか

も、忘れてはならないポイントです（**権利の期間↓第10章　１９５ページ～**）。

他にも色々と重要ポイントはありますが、著作権を正しく学ぶには、まずはこれらのポイ

ントをしっかり押さえてください。

次の章からは、これらのポイントを中心に、順に話を掘り下げていきます。

第2章　著作物って何？

前章で、**著作権とは「著作権者」が他人に「著作物」を無断で「利用」されない権利である**と説明しました。このことから、**著作権という権利は、「著作物」に関してだけ主張できるのであって、「著作物」でないものに関しては主張できない**ということが言えます。

このように、あるものが著作物かどうかは、それすなわち、著作権を主張できるかどうかということに正に直結する問題であり、その意味で、著作物とは何かということは、非常に重要な問題です。それでは、著作物とは一体何なのか。本章では、そのことをざっくりと勉強しましょう。

「著作物」は「情報」である

まず最初に押さえなければならないポイントは、**著作物それ自体は単なる情報であるということです。**

たとえばAさんが彼氏であるB君から1枚の音楽CD（コンパクトディスク）をプレゼントされたという事例を考えてみてください。何のCDでもよいですが、私がB君だったら……う〜ん、そうですね、やっぱりビル・エヴァンスの『WALTZ FOR DEBBY』ですかね。邦楽縛りなら何と言っても小沢健二の『LIFE』でしょう。

それはともかく第1問です。Aさんはその後残念ながらB君と破局してしまい、2人の思い出の品々は、CDも含めて全てゴミの日に処分することを決意しましたが、B君からもらったCDを勝手に、つまりB君の許可なくゴミとして処分することは許されるでしょうか？

常識的に考えれば、そんなこと許されるに決まっているわけですし、もちろんそれが法律上も正解なのですが（もっとも、ゴミの分別ルール等は守る必要があります）、CDを処分することがなぜ許されるのかと言えば、このCDはAさんの持ち物（＝所有物）であり、自分の持ち物を煮ようが焼こうが捨てようが、どう処分しようが構わないからです。法律的な表現で言えば、Aさんは「CDという物体」を自由に処分できる権利である「**所有権**」を持っているからです。もしこのCDがB君からプレゼントされたものではなく、B君から単に借りたものであれば、CDの所有権を持っているのはB君であり、AさんはCDの所有権は持っていませんので、所有者であるB君の許可なくCDを処分することは許されません。TSUTAYAでレンタルしたCDをお店に断りなく捨てたらお店から怒られ、弁償しなければならないのと一緒です。

それでは、続いて第2問です。AさんはB君からプレゼントされたCDに収録されている音楽がとても気に入り、是非世界中の人に聴いてもらいたいと思いました。そこで、誰からも許可を得ることなくインターネット配信したり、あるいはCD－Rにコピーし、街ゆく人々に配布したりすることを計画したという場合はどうでしょうか？

これらの行為は典型的な著作権侵害行為であり、許されない違法行為です。なぜ許されないかというと、AさんはCDという「物体」を自由に処分できる権利である「所有権」は持っているものの、そこに収録されている音楽という目に見えない「情報（＝著作物）」をネット配信したりすることができる権利である「著作権」までは持っていないからです。たとえこのCDが、市販の音楽CDではなく、B君が「お前のことを思って作った曲だぜッ」とか言って無理やりAさんに渡した自作のダサくてクサいラヴソングが収録されているものだったとしても、AさんがB君を笑いものにしようと思ってB君に無断でネット配信することは、同様に許されません。

世の中には、自分が所有しているCDなのだから、そこに含まれている情報も含めてどう使おうが勝手だろう、なんて誤解している人もいるのですが、これは、CDに収録されている「著作物」という目に見えない「情報」に関して「著作権」という権利が働いているということを理解していないからです。

このように、まずは、**著作物は情報である**という点をしっかり押さえてください。

「著作物」の定義

著作物は情報であるということを前提に、著作物とは何なのかということについて、もう少し具体的に掘り下げて見てみます。

私を含めた著作権業界関係者の多くが、バイブルとして日常的に参考にする名著に、**加戸《かと》守行《もりゆき》**さんという方が執筆され、私を含む文化庁著作権課の歴代法改正担当者が、法律が改正される度に地道にヴァージョンアップ作業を続けてきた『**著作権法逐条講義**』（著作権情報センター）という分厚い書籍があります（執筆時時点の最新版は2013年に出た「六訂新版」です）。著作権業界人はみな、「**カトチクちゃんと読んだ？**」「**カトチクの○ページにはこう書いてあるけど？**」といった感じで、この本のことを親しみを込めて「**カトチク**」と呼び、そこに記載されている内容は、著作権法を所管するお役所である文化庁の公式見解であると理解されています。カトチクのもともとの著者である加戸さんは、元愛媛県知事であり、最近では、いわゆる加計学園問題で大きな注目を浴びた人物ですが、実は、かつて文化庁の著作権課で現行著作権法の立法作業の中心を担った人物であり、著作権業界では昔から「超」がつく有名人、大物だったりするのです。

そんな加戸さんのカトチクでは、著作物の意義について、聖書の言葉をもじり、「**著作権**

制度のアルファでもあり、オメガでもある」と表現されており、この含蓄ある大仰な表現からも、著作物とは何かということの重要さを窺い知ることができます。そして、その答えは、著作権法2条1項1号に書いてあり、そこでは、「**著作物**」とは、「**思想又は感情を創作的に表現したものであって、文芸、学術、美術又は音楽の範囲に属するものをいう**」と定義されています。ちなみに、この定義を条文も見ずにスラスラ言うことができれば、つかみはオッケーで、「**お主、なかなかやるではないか!**」と著作権業界の諸先輩方から感心されること請け合いですので、面倒かもしれませんが、とりあえずここはとにかく暗記してください。

著作物の4つの要件

ただ、この定義は、さすが法律の条文だけあって非常にくどい表現になっており、これだけ読んでも一体何が著作物なのか今一つよく分からないと思います。

そこで、せめてもう少し分かりやすくすべく、この定義を、

① 思想又は感情を
② 創作的に
③ 表現したものであって、

④　**文芸、学術、美術又は音楽の範囲に属するものをいう**
という形で４つの要件に分解して考えてみます。

要件１　「思想又は感情」を含むこと

まずは、**「思想又は感情を**創作的に表現した〜」とありますので、著作物は「思想又は感情」を含むものでなければならないということが分かります。つまり「思想又は感情」を含まないものは著作物ではありません。

たとえば、**「都道府県魅力度ランキング２０１６で群馬県は45位で栃木県、茨城県より上位でした。」**という文はどうでしょうか。これは**単なる事実をそのまま述べた文**であって、思想や感情は何一つ含まれていませんので、要件１はクリアせず、著作物ではありません。したがって、この文に著作権は発生せず、誰でも自由に利用できます。

著作物として保護されるには、「思想又は感情」を何かしら含むものでなければならず、**単なる事実やデータは、それだけでは著作物とは言えません**。上記の群馬な例で言えば、栃木県や茨城県より上位だったことにより群馬県民に湧き出る群馬県に対する**愛しさ**、あるいはこうした感情に加えて北関東勢で最下位争いを繰り広げていることに対する**切なさ**、はたまた常に栃木県や茨城県が近くに寄り添ってくれていることに対する**心強さ**、これらが入り混じった複雑な感情、こういった何かしらの思想感情を含む文章でなければ要件1を満たさず、著作物とは認められないのです。

COLUMN 動物が創作したコンテンツ、AIが創作したコンテンツ

ちなみに、ここでいう「思想又は感情」は、あくまで「**人間の**」**思想や感情**を意味します。したがって、動物が人の手を借りずに自ら積極的に描いた絵や**サルの自撮り写真**などは、いくら味のある微笑ましい作品に仕上がっていようとも、あるいはいくら市場において財産的な価値が高く認められていようとも、人間の思想や感情が含まれないため、著作物ではなく、著作権法上の保護は受けません。実際、人間の写真家がカメラをセットし、それを使ってサルが自撮りした写真に関しては、アメリカで訴訟が起きており、サルは写真の著作権を有しないとの判断が下されています（なお、カメラをセットした写真家が著作権を有すると判断されたわけでもありません。サルが撮影した写真は、法的には何の保護も受けないというのが正解です）。

それでは、AI（**人工知能**）が自動的に作成したコンテンツ（たとえばAIによって

自動作曲されたバッハ風の楽曲）はどうでしょうか？　こうしたコンテンツは、**ＡＩ創作物**などと呼ばれていますが、ＡＩ創作物は、人間の思想感情が含まれていないため、現在の著作権法上は、どんなに魅力的で、人々に深い感動を与えるコンテンツであろうと、動物が描いた絵等と同様に著作物には当たらず、著作権の対象にはなりません（一方、人間が自らの思想感情を、ＡＩを活用することによって、いわばＡＩを「道具」として、作品を創作したと評価できる場合は、できあがった作品は著作物に当たり得ると考えられます）。ただ、ＡＩ創作物は、見かけ上は人間が創作した著作物と全く区別ができないわけで、果たしてそう単純に割り切ってしまってよいのだろうかという指摘もあります。そのため、ここ数年、ＡＩ創作物を法的に保護することの是非、是とした場合の保護方法等につき、専門家の間で熱い議論が行われています。近い将来、何らかの法律上の手当てがされる可能性もありますので、議論の動向は要チェックです。

要件２　「創作的」であること

次に、「思想又は感情を**創作的に**表現した～」とありますので、著作物は、「創作的」であると評価されるものでなければなりません。ただ、「創作的」とはいっても、そこまでレベルが高いクリエイティビティやオリジナリティは要求されず、その人なりの何らかの個性が発揮されていればそれで十分だと理解されています。

一方で、誰でも思いつくようなありふれた表現や、誰かの作品を完全コピーし、またはほとんどそれに近いような形でパクるなど、オリジナリティが皆無なものは、「創作的」ではないという理由でその人の著作物とは認められません。誰かの作品を完全コピーしたという意味では、江戸時代の浮世絵を少しだけキレイにしてお豆腐のパッケージ用に描いたイラストは創作的ではなく著作物ではないとされた裁判例があります。

誰でも思いつくありふれた表現という意味では、たとえば、「**都道府県魅力度ランキング2016で群馬県は45位で栃木県、茨城県より上位でした。グンマー万歳！**」という文はどうでしょう？　要件1で見た例文と異なり、「**グンマー万歳！**」という群馬関係者の喜び爆発とでもいうべき感情が含まれていますので、一応要件1はクリアすると言えそうです。しかしながら、この程度の文は誰でも思いつくありふれたものであり、「創作的」とは言えませんので、要件2はクリアできず、著作物とは認められません。

こうした観点からは、「**じぇじぇじぇ**」（NHK『あまちゃん』より）、「**同情するならカネをくれ！**」（NTV『家なき子』より）、「**やられたらやり返す、倍返しだ！**」（TBS『半沢直樹』より）、「**僕は死にましぇん！**」（ＣＸ『１０１回目のプロポーズ』より）、といった往年の名（迷？）台詞は、いずれもインパクトという意味ではかなりの破壊力を持つ台詞ではありますし、のん（当時は能年玲奈）や安達祐実、堺雅人、武田鉄矢による名（怪）演技と相まって我々の心に深く刻み込まれてはいますが、落ち着いて冷静に字面だけを見つめてみれば、いずれもありふれた表現と考えられますので、これら台詞単体としては著作物とは言えません（テレ朝、テレ東関係者やファンの皆様、適当な例が思い浮かばず失礼しました……）。

同様に、「ヤバいよヤバいよ〜」「閉店ガラガラ」といったいわゆる一**発ギャグ**（一発芸）の類も、通常は著作物とは言えないでしょう（一方で、それなりの長さをもったコントや漫才は著作物と言えますし、ＲＡＤＩＯ ＦＩＳＨ『ＰＥＲＦＥＣＴ ＨＵＭＡＮ』クラスの大ネタになれば、当然立派な著作物です）。

最後に、ある小説がありきたりのストーリーで全然感動しないとか、ある絵画が下手くそで見るに堪えないとか、ある音楽が耳障りで不快であるとか、あるゲームがクソゲーだとかいったような、「作品としての価値や評価」は、著作物かどうかとはまったく関係ありません。

仮に作品としての価値や評価が高いもののみを著作物として保護するとしてしまうと、最終的には裁判所がある作品の芸術性の有無や程度といったものを判断することになり、その結果、特定の価値観を国民に押し付けることになりかねません。こうしたことが起きぬよう、著作権法は芸術性等に対しては価値中立的なのです。

要件3 「表現したもの」であること

続いて、「思想又は感情を創作的に**表現した**～」とありますので、著作物として認められるためには、「表現したもの」でなければならないことが分かります。

つまり、頭の中で作品のイメージ、言い換えると思想や感情をどういった形で表現するかについて、「**アイディア**」としてあれこれ膨らませているだけではダメで、それを現実に文章やイラスト、楽曲、映像といった形で外部に「表現」して初めて著作物としての資格を得ることができます。なお、「表現」をするに当たり、絵や写真といった視覚的な作品に関しては、キャンバスに描かれたり、フィルムに焼き付けたり、デジタルデータとして記録されたりといった風に媒体への固定が伴いますが、必ず媒体への固定が必要かというと、そうではありません。たとえば即興で適当なメロディーと歌詞を創作してその場で歌うような場合、その曲を録音や採譜といった形で固定しなかったからといって、著作物として保護を受けないということにはなりません（もっとも、録音や採譜がされていないと、後日「この曲は私が創作しました」ということを証明することが事実上難しいという問題は生じます）。

なお、著作物は「表現したもの」でなければならないということの帰結として、ある抽象的な思想・感情やアイディアを文章やイラスト等として具体的に表現した場合、著作物として保護されるのは、あくまで文章やイラスト等といった具体的な「表現」それ自体であって、その表現の元になっている抽象的な思想・感情やアイディアが著作物として保護されるわけではありません。したがって、アイディア等が共通しているだけで具体的な表現レベルにおいて共通していない場合は、著作権の侵害には当たりません（↓127ページ）。

そして、同様に、いわゆる「**作風**」と呼ばれるものも、それ自体は著作物ではありません。ちょうど本書執筆中に、神田桂一・菊池良『もし文豪たちがカップ焼きそばの作り方を書いたら』（宝島社、2017年）という本がヒットしているという記事をネットニュースで読みました（そして、その後本屋で立ち読みしました）。この本は、タイトル通り、村上春樹さんなど、様々な文豪たちの文体でカップ焼きそばの作り方の説明文が書かれているという大変ユニークな本ですが、文豪たちの「**作風**」「**文体**」それ自体は著作物ではありません。したがって、この本を執筆したり出版したりするに際して、文豪たちの許可を得ずとも著作権侵害には当たりません。

COLUMN 現代アート、現代音楽は著作物か?

要件2や要件3との関係で悩ましいのがいわゆる「**現代アート**」や「**現代音楽**」です。現代アート、とりわけコンセプチュアル・アート、ミニマル・アートと呼ばれるジャンルの作品の中には、アイディアがそのまま作品になっていると考えられるものも少なくありません。たとえば、有名なものですと、男性用の便器に落書き(架空の署名)をして展示をしたマルセル・デュシャンの『**泉**』が、この手の議論をする際の例としてよく紹介されます。また、私が好きな作品としては、2014年に亡くなった日本人アーティスト・河原温さんの『**Today Series**』と呼ばれる作品群があります。これは、単色(多くは黒)に塗られたキャンバスの中央部分に、その日の日付がフォント風の数字とアルファベットにより白抜きで描かれるという、言ってみればただそれだけのシンプルな作品で、1966年から長年にわたり、(毎日制作されたわけではありませんが)

継続して制作されたものです。私は１９７６年６月24日生まれですので、もしもこの日に作品が制作されていたとすれば、「ＪＵＮＥ 24 '１９７６」といった文字がキャンバスに描かれます。こんなシンプルな作品ではあるものの、底知れぬパワーを感じますし、自分の生年月日に果たして作品は制作されたのだろうか、制作されたとすれば一体誰が保有しているのだろうか、そしてそれは一体いくら出せば譲ってもらえるのだろうか、なんてことをたまに妄想します。また、現代音楽のジャンルで言えば、ジョン・ケージの通称『**４分33秒**』という作品が有名です。この作品は、演奏者は楽器とともに舞台に上がるものの、聴衆を前にして何もせず、観客のざわめきや空調の音などのノイズ等を聴く作品であり、通常の楽曲と異なり、肝心の楽器は一切演奏されることがないという作品です。

それでは、こういった作品は、はたして著作物なのでしょうか？　これらの作品は、作品として表現はされていますので、要件３はクリアしています。ただ、便器に署名風の落書きをする、その日の日付を白いフォント風文字でキャンバスに描く、舞台で観客を前に沈黙する、こういった**アイディアがそのままストレートに作品として表現されたもの**であり、言ってみれば、「**アイディア＝表現**」という関係にあると考えられます。

こうした関係が認められる場合に作品の著作物性を認めてしまうと、結局アイディアそれ自体を著作物として保護することに等しくなってしまいます。もっと言うと、便器に落書きをしたり、日付をフォント風文字でキャンバスに描いたり、一定時間舞台で何もしなかったり、こういったことに対して、著作権が及ぶことになりかねず、さすがに結論としては妥当ではないように思われます。

また、こうした関係が認められる場合、そのアイディアを表現しようとすれば、誰でも似たり寄ったりの表現になりますので、その意味においては、ありふれた表現であり、創作性がない（＝要件2をクリアしない）という評価も可能でしょう。

このように考えると、芸術性の高さや世界的名声とはうらはらに、これらの作品は著作物ではないという結論になりそうです。ただ、著作物であろうがなかろうが、そんなことはおかまいなしに、これらの作品は人々に大きな感動や刺激を与え、さらには、アート作品に関して言えば、高い財産的価値が認められ、多くの人々の物欲、収集欲を刺激しているわけです。著作物ではないと考えた場合、私が便器にサインをして発表したり、あるいは黒いキャンバスに今日の日付を描いた作品を毎日コツコツSNSで発表したりしても、著作権侵害の問題は生じませんが、おそらく誰からも相手にされないでしょう。

また、私ではなく、アーティストがこういったことをやれば、基本的にはモラルの問題か批評性の問題として議論されることになるのでしょう。

要件２の説明の最後に、「作品としての価値や評価」は、著作物かどうかとは関係がないということを書きましたが、高い芸術作品であると評価されていても、あるいは高額で取引の対象となっていても、そのことと著作物か否かとは直接関係がないのです。

このように、アイディアそれ自体は著作物ではない、表現されて初めて著作物なのだ、などと偉そうに（？）言葉では簡単に説明できるものの、実際問題としてアイディアと表現の境界線はそう明確なものではなく、実務上は、時として判断が困難な場合に直面します。

現代アートではありませんが、こうした問題に関して参考となる有名な裁判例として「**城の定義事件**」があります。この事件は、ある人（原告）が考案した「**城とは人によって住居、軍事、政治目的をもって選ばれた一区画の土地と、そこに設けられた防御的構築物を言う**」という城の定義の著作物性が問題となった事件ですが、裁判所は、この定義は学問的思想そのものであり、同様の立場に立つ以上、同一又は類似した表現となることは避けられない（＝別の表現にすると定義として別の意味になってしまう）ことを理由に、その表現形式に創作性は認められないとし、要件2を欠くとして上記定義は著作物ではないと判断しています。

ちなみに、実務上、学者同士のトラブルというのは少なくありません。私がこれまで関与した案件でも、ある学者の先生が「○○教授の論文が私の論文の著作権を侵害しているので何とかしてほしい！」と激怒して駆け込んできたものの、実際に盗作だと主張する論文と依頼者の論文とを比較すると、両者で共通するのは学問的思想（学説）に過ぎず、実際の表現（文章）レベルでは全く異なるというケースが何度かありました。こうしたトラブルは、結局のところ、著作権の問題ではなく、学者としてのモラルの問題（他人の学説をあたかも自分が最初に提唱したかのように振る舞うことの是非や先行してその学説を提唱した研究者へのリスペクトの欠如等）であると考えられます。

要件4 「文芸、学術、美術又は音楽の範囲に属するもの」であること

最後の要件は、「文芸、学術、美術又は音楽の範囲に属するもの」であることです。たとえばスマートフォンや車といった工業製品のデザインは、これらのどれにも属さず、著作物には当たらないと一般的には考えられています。ちなみに、こういったものは、**意匠法**という別の法律に基づく「**意匠権**」という権利で保護を受けることが通常は想定されています。

この要件が単体で実務上問題になることはこれまでほとんどなく、その意味で４要件の中では最も影が薄い要件です。しかし、専門的な論点になりますので本書では割愛しますが、家具などの実用品をはじめとする、いわゆる「**応用美術**」と呼ばれるものの著作物性を考えるに当たって、この要件が最近にわかに注目を集めています。

以上の４つの要件を全てクリアすれば、「著作物」として「著作権」の対象となり、逆に、どれか一つでもクリアできないものは「著作物」とは認められず、「著作権」を主張することはできません。

著作権という権利は、著作物の利用をコントロールできるという、ある種強力な権利ですので、利用する側から見れば、あるコンテンツが著作物に当たれば、原則自由に利用することはできないという話になります。したがって、何でもかんでも著作物だということになると、我々の社会生活は非常に不便で窮屈なものになり、一種言葉狩りに近い嫌な世の中になってしまいますし、何より**表現の自由に対する大きな制約**になりかねません。そこで、著作権法は一定の要件（上記の４要件）を定め、一応の歯止めをかけているわけです。

なお、著作権法が著作物の要件として定めているのは、上記の4つだけであり、これ以外に特段の要件はありません。たとえば、©表示（マルシー表示、コピーライト表示）の有無は著作物として保護されるかどうかとは関係ありません。

著作物のジャンル例

著作物の定義についてざっくり見てきましたが、まだまだ著作物というもののイメージが湧かない人も多いのではないでしょうか？

そんな人たちのために、著作権法10条1項は、以下のとおり定め、著作物のジャンルを例示してくれています。

（著作物の例示）
第10条　この法律にいう著作物を例示すると、おおむね次のとおりである。
一　小説、脚本、論文、講演その他の言語の著作物
二　音楽の著作物
三　舞踊又は無言劇の著作物

四　絵画、版画、彫刻その他の美術の著作物
五　建築の著作物
六　地図又は学術的な性質を有する図面、図表、模型その他の図形の著作物
七　映画の著作物
八　写真の著作物
九　プログラムの著作物

たとえば、本書は言葉で表現されていますので、一号の「言語の著作物」に当たります。その他、それぞれの具体例については、次ページの表1に簡単にまとめたとおりです。注意しなければならないのは、これらはあくまでジャンルの〝例示〟に過ぎませんので、厳密にどれかのジャンルに含まれなければ著作物として認められないということでは必ずしもありません。

また、あくまで先ほど説明した4つの要件をクリアすることが前提になりますので、たとえば、履歴書用の写真を考えると、町の写真館でカメラマンに撮影してもらった写真は著作物である一方、駅等に設置されたスピード写真撮影機で撮影した写真は写真ではありますが、

表1　著作物の種類の例示と具体例

	著作物の種類	具体例
1	言語の著作物	小説、論文、詩、短歌、俳句、講演、エッセイ、脚本
2	音楽の著作物	歌詞、曲（ロック、ジャズ、テクノ、ヒップホップ、演歌等々ジャンル不問）
3	舞踊又は無言劇の著作物	バレエ、日本舞踊等の踊り、パントマイムの振り付け
4	美術の著作物	絵画、彫刻等のアート作品、各種イラスト
5	建築の著作物	芸術的建築物
6	図形の著作物	地図、設計図、図表、模型
7	映画の著作物	劇場用映画、テレビ番組、テレビゲーム、CG映像
8	写真の著作物	グラビア写真、風景写真等の各種写真
9	プログラムの著作物	各種コンピュータプログラム、アプリ

機械による自動撮影ですので、要件1をクリアせず、写真の著作物には該当しません。同様に、防犯カメラで自動撮影された映像は、動画という意味では一種の映画なのかもしれませんが、要件1や要件2をクリアしないと考えられますので、映画の著作物としては認められません。

なお、「**映画の著作物**」に関しては、日常用語で「映画」といった場合、映画館で上映される劇場用映画を指しますが、著作権法上の「映画」は、これに限らず**動画全般**が含まれる概念ですので、ついでにその点にもご注意ください。

特殊な著作物（編集著作物、データベースの著作物）

この他、ちょっと特殊な著作物として、著作権法上、「編集著作物」と「データベースの著作物」というものがありますので、これもついでにさくっと説明します。

●編集著作物

まず、**編集著作物**とは、「**編集物でその選択や配列によって創作性を有するもの**」をいい、これも著作物として保護の対象となるとされています（著作権法12条1項）。具体例としては、**新聞**や**雑誌**、あるいは**各種辞典**、それから筆者が日頃お世話になっているものですと、「ブラジル音楽名盤セレクション」的なディスクガイド系の書籍もこれに当たるでしょう。

編集著作物の代表格である新聞を例に説明すると、新聞に掲載されている個々の記事や写真といった素材はもちろんそれぞれが単独の著作物に当たりますが、編集物である新聞紙面全体として、どういった記事や写真を選んで載せるか、それをどのように配列するかということについて創作性があると考えられますので、記事や写真といった個々の素材だけでなく、それらの集合体である編集物としての新聞紙面全体も編集著作物として著作権の対象とされているというわけです。

したがって、ある日の日経新聞を誰かが無断でコピーしてばら撒いた場合、個々の記事（＝言語の著作物）や写真（＝写真の著作物）の著作権の侵害にもなりますし、新聞全体（＝編集著作物）の著作権の侵害にもなるわけです。

一方で、ある日の新聞全体ではなく、特定の記事だけを切り抜いて無断コピーしてばら撒いたという場合は、記事の著作権侵害にはなりますが、編集著作物の著作権侵害にはなりません。

ちなみに、法学部生や司法試験受験生などにはおなじみの定番参考書として、「**判例百選**」（有斐閣）というシリーズがあります。このシリーズは、各法律分野で押さえておくべき要チェックな裁判例を約１００集め、事案の概要や判決の要旨を研究者や法律実務家（裁判官、弁護士等）が執筆したコンパクトな解説とともに収録するというものですが、どの裁判例を選択してどのような順序で掲載するか、そしてそれぞれの裁判例をどの人に執筆してもらうかということにつき創作性があると考えられますので、編集著作物に当たります。

著作権法に関しては、『**著作権判例百選**』というタイトルで出版されており、本書を一通り読み終えた後に是非読んでいただきたい参考書の一つです。

●データベースの著作物

次に、**データベースの著作物**は、「**データベースでその情報の選択又は体系的な構成によって創作性を有するもの**」をいい、これも著作物として保護の対象となるとされています（12条の2第1項）。

見出しや階層等を工夫した各種データベースがこれに当たります。

なお、あくまで「情報の選択又は体系的な構成」に工夫（創作性）が加えられているものでなければなりませんので、とにかく何でもかんでも大量の情報をつめこんだだけのアーカイヴやデータ集に、いくら情報量が豊富で有益であろうと、データベースの著作物とは言えません。

データベースの著作物も、編集著作物のときと同様に、そこに含まれているいろいろな素材（画像データベースの場合における各画像）も独立して著作物としての保護を受けることになります。

具体例で感覚を掴む　～著作物性について判断した裁判例～

さて、著作物の条文上の定義や例示についてざっくりと見てきました。ただ、市販の音楽CDに収録されている音楽や市販のDVDに収録されている映画が著作物であることは疑いようがありませんので、CDやDVDの海賊版を売りさばいたなんていう事件で、収録されている音楽や映画が著作物かどうかなんてことはいちいち問題にはなりません。

ではどんなケースで著作物かどうかが問題になるかと言えば、実務上圧倒的に多いのが短い文章や単純なイラストなどが無断利用されたというケースです。たとえば、ある短い文章が無断利用されたというケースを考えてみます。ここで、著作権を主張して文句を言いたい側としては、「私の文章を勝手に使ってもらっては困ります。著作権侵害ですよ」ということを主張するわけですが、文句を言われた方としては、「こんな短い文章はそもそも著作物ではありません。ですから、無断で利用しても著作権侵害には当たりません」という形で反論をするわけです。

先ほど見た条文上の定義（「**思想又は感情を創作的に表現したものであって、文芸、学術、美術又は音楽の範囲に属するものをいう**」）のどこを見ても「〇文字以上の文」「□センテンス以上の文章」「×色以上の色で描かれたイラスト」などといった客観的で明確な基準は書いてありませんので、著作物かどうか争いがある場合、最終的には、裁判所が、当事者双方の言い分を聞いた上で著作物かどうかを判断することになります。実際、著作物かどうかが争われた裁判は沢山あります。

以下、裁判所が著作物だと認めた例、著作物ではないと認めた例につき、ジャンル別にいくつか紹介しますので、著作物性についてのイメージを摑んでいただければと思います。

著作物だと裁判所が判断した表現

（短文）

●「**ボク安心　ママの膝より　チャイルドシート**」（交通標語。東京地判平成13・5・30）

●「**朝めざましに驚くばかり**」「**志賀直哉もガーナチョコレートを食べたい**」（古文単語の語呂合わせ。東京地判平成11・1・29）

●「**あたたかいご声援をありがとう。昨今の日本経済の下でギアマガジンは、新しい編集コンセプトで再出発を余儀なくされました。皆様のアンケートでも新しいコンセプ**

トの商品情報誌をというご意見をたくさんいただいております。ギアマガジンが再び店頭に並ぶことをご期待いただき、今号が最終号となります。長い間のご愛読、ありがとうございました。」（雑誌の休刊挨拶。東京地判平成7・12・18）

●「現在の若松町は、当時常久村と呼ばれていた。この地の名族関田氏の当主勘左衛門の長男庄太郎は、近藤勇の従兄弟で親友の宮川信吉と共に、新選組入隊を希望する。しかし長男は家を継げと断わられ、悔し涙にくれたという。家業は代々製油業だが、よろず屋的な面があり、石田散薬も扱っていた。出稽古に来る近藤勇の為にわざわざ離れの小屋敷を構え、上洛後甲陽鎮撫隊を組織した前後には、病身の沖田総司を匿い、甲陽鎮撫隊の後方野戦病院の役割も引受けていた。関田庄太郎は明治二七年一二月三日没。享年四九歳。」（ガイドブック中の文章。東京地判平成13・1・23）

●「……やりたいことや将来のことなんて考えてなかった。だから中2のとき、友達と一緒にジャニーズ事務所に履歴書送ったときも、絶対スターになりたいって思って応募したわけじゃないんだよね。『芸能人に会えるし、タダで海外に行けるし、大磯ロングビーチにも入れるぜ』みたいな（笑）」（SMAPのインタビュー記事。東京地判平成10・10・29）

●写真

◀商品写真
知財高判平成18.3.29

▲IKEAの商品写真。
上からマット、ラック、椅子
東京地判平成27.1.29

●「私は先月アマンダリに滞在してきたばかりです。アマンダリはどの部屋も塀に囲まれていますので、もし外部から見られるとしても、デュプレックスの２階から少し見られてしまう程度で、アマンキラで言われている丸見えということはありません。通路からは全く見られません。また、どのスイートがどの配置にあるのかわからないのですが、眺めという点では最も渓谷に近い側が良さそうです。ただ、塀がありますので、部屋からではなくデュプレックスの２階から&庭の屋外ダイニングから見る、という感じかもしれません。（実際に渓谷側から見てないのでアバウトで申し訳ありません）」（海外ホテルの口コミ投稿。東京地判平成14・4・15）

●地図／イラスト／設計図

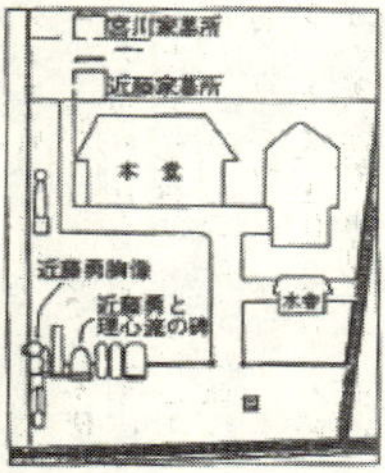

◀ガイドブック中の地図
東京地判平成13.1.23

ピクトグラム▶
（大阪城、通天閣）
大阪地判
平成27.9.24

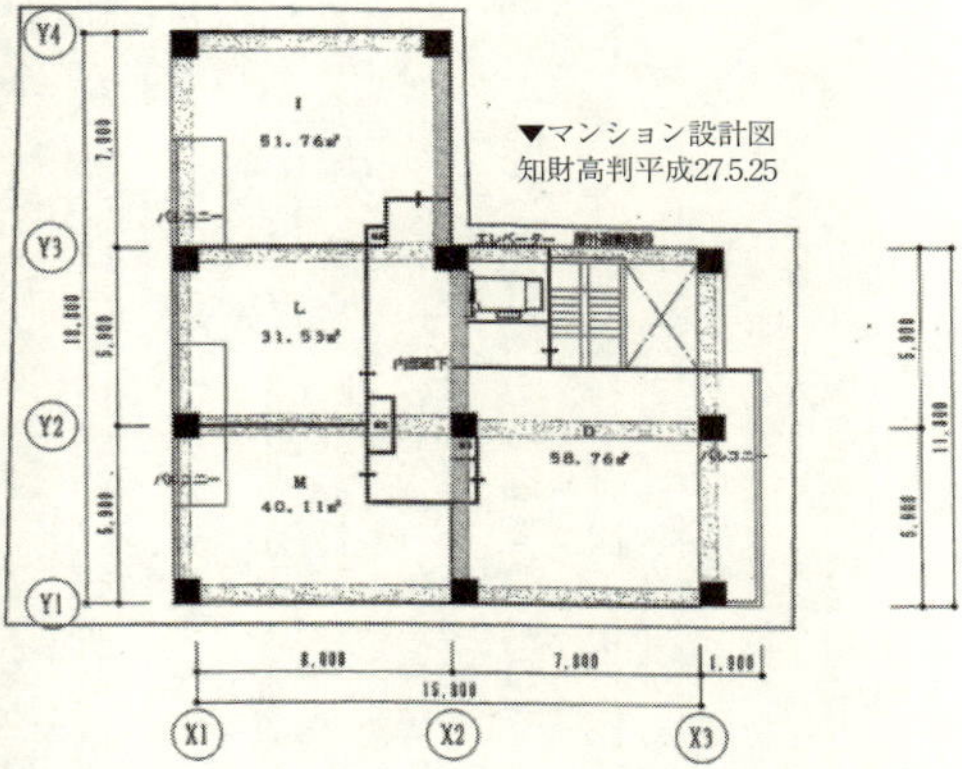

8、9階平面図

▼マンション設計図
知財高判平成27.5.25

●家具

◀幼児用椅子
知財高判
平成27.4.14

著作物ではないと裁判所が判断した表現

（短文）

- **「音楽を聞くように英語を聞き流すだけ　英語がどんどん好きになる」「ある日突然、英語が口から飛び出した！」**（英会話教材のキャッチフレーズ。東京地判平成27・3・20）
- **「フシギな、不思議な料理ブック　水なし　油なし」**（取扱説明書のタイトル。大阪地判平成10・1・20）
- **「ゆうつな井伏氏」「不吉なコーヒーＵＣＣ。立派なコーヒーＵＣＣ」**（古文単語の語呂合わせ。東京地判平成11・1・29）
- **「マナー知らず大学教授　マナー本海賊版作り販売」「国の史跡傷だらけ、ゴミ捨て場やミニゴルフ場…検査院」**（記事の見出し。知財高判平成17・10・6）
- **「使い始めて2週間ほどでお風呂の内側を蹴ったりして遊ぶようになります。ただし、水嫌いの赤ちゃんなど個々に差があり、反応は様々です。よく観察して赤ちゃんの状態や水温などにご注意ください。」**（赤ちゃん用浮き輪の取扱説明書中の文章。東京地

判平成28・7・27）

●「いつも『なかよしデラックス』をご愛読いただきましてありがとうございます。『なかデラ』の愛称で15年間にわたって、みなさまのご声援をいただいてまいりましたが、この号をもちまして、ひとまず休刊させていただくこととなりました。今後は増刊『るんるん』をよりいっそう充実した雑誌に育てていきたいと考えております。『なかよし』本誌とともにご愛読くださいますようお願い申し上げます。なかよし編集部」（雑誌休刊挨拶。東京地判平成7・12・18）

「JR中央線・総武線、営団地下鉄東西線が発着する三鷹駅は、多摩の入口のひとつだ。近藤勇の墓がある竜源寺、同じく生家跡、更に土方歳三の末兄が養子に行った粕谷家へ向かうバスが南口から出る。商店やスーパーなども南口が充実しているが、花は北口の線路沿いにある店が良い物を安く出す。花を抱えて、竜源寺へ向かおう。JR中央線・総武線で東京から、特別快速二四分、快速二八分、各駅停車三七分。新宿から特別快速一一分、快速一五分、各駅停車一八分。中野から特別快速七分、快速・各駅停車一一分、地下鉄東西線（総武線に乗入れ）で一一分。」（ガイドブック中の文章。東京地判平成13・1・23）

●イラスト等

▲ワイナリーの看板
知財高判平成26.1.22

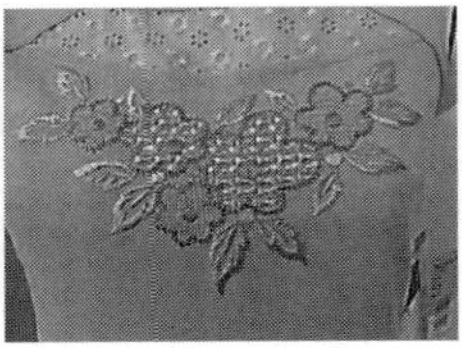

▲婦人服の刺繍
大阪地判平成29.1.19

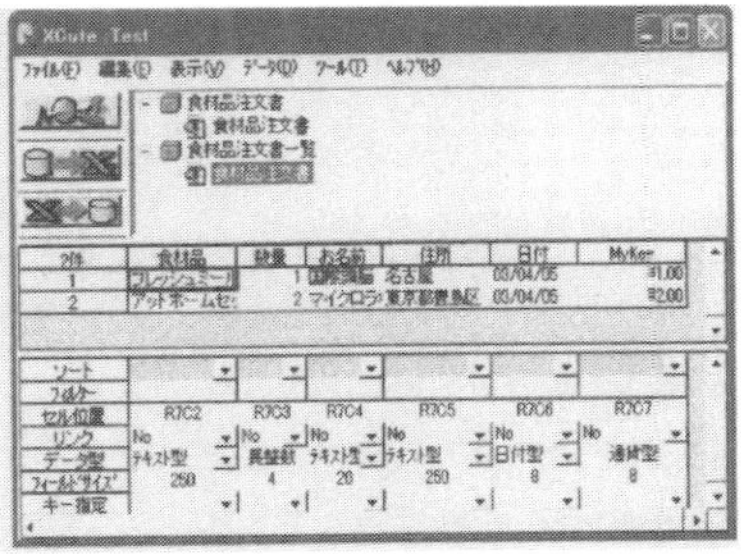

▲ソフトウェアの画面表示
東京地判平成16.6.30

●ロゴマーク

◀ビール会社のロゴ
東京高判平成8.1.25

串カツ屋のロゴ▶
東京地判平成28.4.18

●「『グッドウッドパーク』についてですが、レストランは良いけれど、ホテルの部屋はそれほどでも……というのが良く聞く意見です。人からの受け売りでゴメンナサイ！」（海外ホテルの口コミ投稿。東京地判平成14・4・15）

●書体

あいうえ

◀ゴナUフォント
最判平成12.9.7

●ぬいぐるみ

◀ファービー人形
仙台高判平成14.7.9

プードルの▶
ぬいぐるみ
東京地判
平成20.7.4

●プログラム

```
YBJ-TR68.DEC Page1
(princ"¥nybi-TR68 v3.1¥n")
:内容：電車線"ﾞ行程、基準線作成
:作成：89-04-20 サブ：無し 備考：
:

(setq B1 0)

(princ"¥n¥n¥n¥n¥n¥n¥n¥n¥n¥n")
(princ"¥n(JR-CAD)【電車線"ﾞ行程、基準線作成】")
(princ"¥n")
(princ"¥n1.データファイルの作成")
(princ"¥n")
(princ"¥n2.データファイルの修正")
(princ"¥n")
(princ"¥n3.基本線作成(データファイル作成後)")
(princ"¥n")
(princ"¥n4.データファイルの文法説明")
(princ"¥n")
(princ"¥n0.終了")
(princ"¥n")
(setq B0(getint"¥n 目的の番号を入力<0>："))(if(= B0 nil)(setq B0 0))

(if(= B0 1)(load"Z：YBJ-TQ02"))
(if(= B0 2)(load"Z：YBJ-TR80"))
(if(= B0 3)(load"Z：YBJ-TR79"))
(if(= B0 4)(load"Z：YBJ-TR78"))
(if(= B0 0)(setq B1 1))
```

◀電車設計用
プログラムの一部
東京地判平成15.1.31

まとめ

本当はもっともっともっと沢山具体例を見て、イメージを摑んでいただきたいところなのですが、新書的には限界があるのでこの程度にしておきたいと思います。

さて、本章でお伝えしたかったことは、ざっくり言えば、著作権法上、４つの要件によって一応の歯止めがかかっているとはいえ、それでも「著作物」のハードル自体はそう高いものではなく、プロの手による商業用コンテンツだけでなく、**素人が作成したちょっとした文章やイラスト等でも「著作物」として保護を受ける可能性がある**ということです。

たとえば、我々が日常何気なくスマホで撮影し、インスタ等に投稿している写真の多くは「著作物」に当たると考えてよいでしょう。著作物や著作権というと、ちょっと特別な感じがしますが、決してそんなことはなく、その門戸はとんでもなく広いのです。

その意味において、**我々の身の周りは（誰もいない山奥で仙人のような生活でもしない限り）多くの著作物で溢れている**といえ、我々の日々の生活は、好むと好まざるとにかかわらず、著作権とは切っても切れないものだということが言えます。著作物が身の周りに溢れているということは、見方を変えれば、常に著作権を侵害してしまうリスクが潜んでいるということであり、そうならないよう、あるいは必要以上にビクビクしないよう、著作権法に関する正確な知識を学ぶ必要があるのです。

そして、もう一つお伝えしたかったことは、**「著作物」かどうかという判断は、時として非常に微妙であり、大変難しい場合がある**ということです。色々と実際に裁判で著作物かどうかが争われた事例を見ていただきましたが、「何でこっちが著作物であっちが著作物じゃないんだ⁉」と納得がいかない人もいるのではないでしょうか。私自身、結論に納得がいかない裁判例も含まれています。ただ、繰り返しになりますが、著作権法上、著作物かどうかに関して、「○文字以上の文」「□センテンス以上の文章」「×色以上の色で描かれたイラスト」などといった客観的で明確な基準は書いてありませんので、どうしてもケースバイケースの判断にならざるを得ないという側面があります。

したがって、たとえば誰かに勝手に文章やイラスト等を使われた！　けしからん‼　すぐに利用をやめさせたい‼　訴えてやる‼　という場合に、カッとなってすぐに怒鳴り込んだり裁判を起こしたりするのではなくて、果たして勝手に使われてしまったものは、著作物と認められるようなものなのかということを、まずは過去の裁判例等に照らして、そして時に著作権に詳しい弁護士に意見を求めるなどして、冷静に考えてみる必要があります。

また、反対に、誰かから、「勝手に私の作品を使いやがって著作権侵害だ！　損害賠償しろ!!　訴えるぞコノヤロウ!!」などと言われたり、内容証明郵便で警告書が届いたりした時も同様であって、すぐに「申し訳ありません」と非を認めて賠償金を支払うのではなく、果たして無断利用してしまったものは著作物と認められるようなものなのか、ということをまずは冷静に考えてみる必要があるわけです。

特に、**世の中的には、単にアイディアが共通するにすぎない場合など、著作物とは認められないようなものの無断利用についても、あたかもパクリだ、著作権侵害だなどと〝炎上〟する傾向にあるのが現状**です。また、こうした法的には正しくない〝**炎上**〟に乗っかった論調のメディア報道も残念なことに少なくありません。是非ネットの声やメディア報道に惑わされず、冷静な目で判断をしていただきたいと思います。

第3章　著作権を主張できるのは誰か？

まずは第1章と第2章の復習から入りましょう。第1章では、**著作権とは「著作権者」が他人に「著作物」を無断で「利用」されない権利である**と説明しました。そして、続く第2章では、著作権は、「著作物」に関してだけ主張できる権利であるということで、「著作物」とは何か、ということを説明しました（**権利の客体**）。本章では、著作権を主張できる「著作権者」は誰か、ということを勉強します（**権利の主体**）。

「著作権」は、誰でも彼でも主張できる権利ではなく、**「著作権者」だけが主張できる特別な権利**ですので、「著作権者」の概念は非常に重要と言えます。

創作者＝著作者＝著作権者の大原則

大原則　～創った者が権利を持つ～

まずは大原則をしっかり押さえてください。著作物を創作した者（創作者）のことを「著作者」と言いますが（2条1項2号）、「著作者」が著作権を持つ「著作権者」になります。

「著作者」「著作権」そして「著作権者」と、似たような単語が並んでいて、一見するとややこしいですが、ここで言っていることは極めて単純で、要するに「**実際に作品を創作した者**

が著作権を取得する」というだけのことです。

たとえば、画家Ａが１枚の絵を描けばその絵の著作権は、著作者であるＡが持ちますし、作曲家Ｂがある楽曲を作曲すればその楽曲の著作権は、著作者であるＢが持ちます。そして、私がこの『はじめての著作権法』を執筆すれば、その著作者は、執筆行為をした私であり、私が著作権を持つ著作権者になります。あるいは、あなたが入浴中に即興で鼻歌によりオリジナルのメロディーを作曲すれば、（前章で見た著作物の４つの要件を最低限満たす必要はありますが）その曲の著作者はあなたであり、あなたがその曲の著作権者です（おめでとうございます！）。

このように、ある著作物が創作された場合、その著作物を創作した「著作者」が、著作権を持つ「著作権者」になるというのが大原則です。

著作権は創作と同時に自動的に発生する（登録等は必要ない）

ここで重要なポイントは、「ある著作物を創作した」という事実により、創作と同時に著作権という権利が発生し、その著作物を創作した著作者が、「自動的に」著作権を取得する**ということです。つまりは、著作権を取得するには、著作物を創作するだけでよく、その他に、文化庁への届け出や登録、登録免許税の支払いといった面倒な手続きは一切必要ありません。

これに対して、同じ知的財産権の仲間に分類される権利でも、発明に対する権利として特許法という法律によって認められている特許権について見てみると、ある発明をしたからといって、発明者が自動的に権利を取得できるわけではありません。

すなわち、特許権は、「**この度こんなに凄い発明をしましたので、発明者である私に特許権を与えてください**」ということで特許庁に申請し（「**出願**」と言います）、特許庁の厳正なる審査を受け、通常は特許庁からの指摘事項を踏まえて発明の内容を適宜補正等して、最終的に特許庁から特許権を与えてもよい発明であるとのお墨付き（登録）を得て初めて権利を取得することができます。

このように、同じ知的財産権の中でも、権利を取得するために特別な手続きが不要な権利と、特別な手続きが必要な権利とがあります。前者のことを「**無方式主義**」、後者のことを「**方式主義**」といい、著作権には無方式主義が、先に記した特許権や、商品名やサービス名などを保護する商標権等には方式主義が、それぞれ採用されています。著作権は無方式主義であるため、今こうしているこの瞬間にも、日本全国津々浦々で、老若男女様々な人々によって無数の著作物が創作され、おびただしい数の著作権が発生しているということになるわけです。

「創作行為」をしていない者は著作者にはなれない

繰り返しになりますが、**「実際に著作物を創作した者が著作権を取得する」**というのが、著作権法の大原則ですので、裏を返せば、著作物を創作していない者は著作者ではなく、著作権は発生しないのが大原則とも言えます。

著作物を創作していない者の典型例としては、**アイディアを提供したに過ぎない者**が挙げられます。たとえば、私が売れっ子の音楽プロデューサーであると仮定しましょう。そんな売れっ子Ｐな私が、ある晩、銀座のとある鮨屋のカウンターで、あるアーティストに対して、「新曲はハワイアンムードに溢れた昭和歌謡っぽいダサカッコいいミディアムテンポのダンスナンバーが聞きたいので、そんな方向でとりあえずちゃちゃっと書いてみちゃってよ！しくよろ！」などと軽いノリで無責任な提案をし、そのアーティストが「さすが池Ｐ、いっすねー。そのアイディアいただきます！　あざます！」とか言って、後日そんなテイストのいかした曲を作曲してくれたとします。そして、その曲がまさかの大ヒットをし、その年のレコード大賞を総ナメしたとします。この場合、私は単にアイディアを提供しただけであり、作曲という創作行為には一切関与していませんので、誠に残念な話ではありますが、その楽曲の著作者にはなれず、私に著作権が発生することはありませんし、ＪＡＳＲＡＣ（一般社団法人日本音楽著作権協会）から多額の印税（著作権使用料）が支払われてウハウハということもありません。あくまで著作権は実際に作曲という創作行為を行った著作者であるアーティストにのみ発生します。

また、あるアーティストが鼻歌で作曲をし、別の人がメロディーを聞き取って採譜したという場合も、著作権は鼻歌で作曲行為を行ったアーティストにのみ発生し、メロディーを採譜しただけの人には発生しません。ちなみに、細野晴臣、坂本龍一、高橋幸宏という音楽界における偉大なる三人組・ＹＭＯ（イエロー・マジック・オーケストラ）を代表する名曲に『ライディーン』がありますが、この曲には、高橋さんがどこかのカフェで坂本さんに鼻歌でメロディーを聴かせ、それを坂本さんがその場でナプキンだかコースターだかに採譜したという素敵なエピソードがあります（なお、これは坂本さんの記憶であって、高橋幸宏『心に訊く音楽　心に効く音楽』（ＰＨＰ新書）１０７ページによれば、高橋さんの記憶とは異なるようです）。ＣＤ等の楽曲のクレジットを見ると、作曲者はちゃんと高橋さん一人の名前になっていますし、JASRACの作品データベースでも同様であり、採譜した坂本さんは作曲者としてクレジットされていません。ここで、たとえば高橋さんが鼻歌でメロディーを聴かせている最中に、坂本さんが、やおらこれを遮り、「ユキヒロ、今の部分だけど、ボクはこういうメロディーの方がいいと思う」とか何とかボソボソ言って鼻歌で別のメロディーを提案し、高橋さんが「さすが教授！　そっちの方がカッコいい！」ということで坂本さんの提案したメロディーを採用し……、なんて微笑ましいやり取りをしばし繰り返すことによって作曲された場合は、2人で創作したということで、坂本・高橋の二人が著作者であり、著作権はこの2人に発生します。このようにして複数者で創られた著作物を「**共同著作物**」と言います。

次に、実務上よくトラブルになるのが、「**創作のためにお金を出した者**」（**発注者**）です。たとえば、Aさんがカメラマンにお金を払って自分のポートレート写真を撮影してもらい、カメラマンBがその写真を額装してAさんに納品したとします。Aさんとしては、「自分の肖像写真だし、代金ちゃんと払って納品してもらったのだから写真の著作権は自分のものだ」とついつい考えてしまいがちなのですが、写真の著作権は、あくまで撮影という創作行為を行った著作者であるカメラマンBに発生します。Aさんは、撮影という創作行為を行っていない以上、著作者とは評価されず、Aさんに著作権は発生しないわけです。

これは極めて単純な例ですが、実務上は、ある会社（ユーザー）が自社で使う大規模なシステムの開発を業者（ベンダー）に依頼し、業者がコンピュータプログラムを組む等の開発行為を行って納品し、これに対して多額の開発費が支払われた、という事案で、開発されたプログラムの著作権がどちらに帰属するのかといった形で深刻なトラブルになることが少なくありません。発注者であるユーザーは、「**多額の開発費用を負担している以上、プログラムの著作権は当然我が社のものだ**」と主張し、かたや受注者であるベンダーは、「**実際の開発作業を担当したのは我が社なのだから、プログラムの著作権はウチのものだ**」と主張する、という感じで、最悪の場合、お互い一歩も引かずに揉めに揉めるわけです。

この問題、金額の規模は全く異なりますが、最初に見たポートレート写真の事例と問題の本質は全く同じです。どちらの言い分が正しいかと言えば、（支払われた額等の事情にもよりますが）実際にプログラムの開発作業を行った受注者ということになります。つまり、著作権法では、「**お金を出したのは誰か**」ではなく、「**創作行為を行ったのは誰か**」**という視点で考える**のが原則です。

著作権は譲渡することができる

このように、著作物を実際に創作した著作者が著作権を取得するのが大原則なのですが、それでは、先に述べたポートレート写真の例で、被写体であるAさんが写真の著作権を取得したい場合はどうすればよいでしょうか？

答えは簡単です。**カメラマンBからAさんが写真の著作権を譲ってもらえばよい**のです。著作権は、財産的な権利であり、土地や自動車、貴金属などの所有権と同じく、売ったりあげたりすることができる権利です（61条1項）。システム開発の例でも、発注者がシステムやプログラムの著作権を保有したいのであれば、受注者との間で、著作権を受注者は発注者に譲るという合意（契約）をすればよいということになりますし、著作権を譲るかどうかにかかわらず、**システム開発の際に締結する契約において、成果物の著作権がどちらに帰属するかということを定めることは、トラブル回避のために実務上マスト**と言えます。

著作権の譲渡は、上記システム開発のケースも含め、実務上非常によく行われています。たとえば、音楽業界では、実際に作詞、作曲という創作行為を行った著作者である作詞家、作曲家が、詞や曲の著作権を「**音楽出版社**」と呼ばれる会社に譲渡し（作詞家、作曲家が所属する事務所に譲渡し、事務所から音楽出版社に譲渡されるケースも少なくありません）、音楽出版社がさらにＪＡＳＲＡＣやＮｅｘＴｏｎｅといった著作権管理団体に著作権を譲渡等するというのが通例です。逆に言えば、**市販の音楽ＣＤに収録されているような楽曲に関しては、作詞家や作曲家自身が著作権を持っているというケースは実は極めて稀**なのです。

このように著作権の譲渡が行われると、著作物を創作した「著作者」と、著作権を持っている者である「著作権者」とが別々に分かれることになります（上記音楽業界の例で言えば、「著作者」は作詞家、作曲家ですが、「著作権者」はＪＡＳＲＡＣ等の著作権管理団体ということになります）。つまり、**著作物が創作された瞬間は、著作者イコール著作権者ですが、その後、著作者が著作権を誰かに譲渡することにより、著作者イコール著作権者ではなくなる**わけです。

なお、著作権は著作権でも、「著作者人格権」という権利については、第三者に譲渡することはできないのですが、それについては次の章で説明します。

COLUMN 著作権の相続？

先ほど著作権は財産的な権利であるため第三者に譲渡できると説明しましたが、財産的な権利であるということの帰結として、**著作権は、土地や預貯金等と同じく、相続の**

対象にもなります。このことは、第10章で説明するとおり、著作権が存続する期間（保護期間）が、原則著作者の「死後」50年という形で定められ、著作者の死亡によって著作権が消滅しないことが前提となっていることからも分かります。

著作権が相続の対象となるということは、著作権者が亡くなった後は、不動産や現預金、株式、宝石等の財産と同様に、相続人間で遺産分割をしたり、予め遺言で誰に相続させるか決めたりしておく必要があるということになります。実際、有名な小説家や音楽家が亡くなった場合は、著作権や印税の支払いを受ける権利につき、こうした処理がちゃんとなされます。

一方で、著作権者の死亡時に財産的な価値がない著作権に関しては、いちいち誰が相続するなんてことは決めないことが通常でしょう。もちろん、私的に書いた日記だったり趣味で撮影した写真だったり、最近ではＳＮＳ上での各種投稿に関する著作権などは、せいぜい家族等の近親者が利用する可能性がある程度であって、著作権の侵害だ何だという世知辛い話にはなりませんので、相続の手続きを取らなくても大きな問題にはなりません。しかしながら、過去に商業利用された実績のある著作物に関しては、著作権の相続についてきちんと処理をしておかないと、著作権者が死亡した後に誰かがその著作物の利用を希望する場合、誰から許可を取ればよいか分からなくなってしまうという困った事態になりかねません。何も相続の処理を行わなかった場合は、民法の原則に戻り、その著作権は、法定相続分に応じて法定相続人がみんなで保有（共有）することになりますが、その後法定相続人の誰かが亡くなった場合は、その人の持ち分に関してさらに相続が生じ……という感じで、瞬く間に大人数で1つの著作権を共有するという状況になってしまいます。こうした状況では、全員の連絡先が分かるとは限りませんし、自分が著作権の一部を共有しているという認識すらない人も含まれてくるでしょう。

現在、著作権者が誰だか分からない、あるいは著作権者自体は判明しているものの連絡先が分からないという、いわゆる**孤児著作物**、**オーファンワークス**の問題が深刻化していますが（↓239ページ〜）、著作権について相続の処理が十分されていないこともオーファンワークスを生み出す1つの大きな要因であると考えられます。

例外その1　職務著作

さて、著作権は、「著作物を創作した者」（著作者）に発生するのが大原則ですが、原則には常に例外がつきものです。

会社や役所など、組織に属する人の多くは、仕事上、様々な著作物を創作します。建築設計事務所における設計図や建築パース、デザイン事務所におけるデザイン画、映像制作会社における映像、システム会社におけるコンピュータプログラムといった本格的なものから、一般企業における各種リリース文や各種プレゼン資料、報告書、不祥事を起こしてしまった場合の謝罪文、商品の取扱説明書、最近では会社アカウントのＳＮＳでの各種投稿などなど。

先ほどから何度も説明している大原則に従えば、こうした著作物は、実際の創作作業を担当した従業員が著作者となり、著作権者となるはずです。しかしながら、著作権法15条1項は、**一定の要件を満たした場合は、従業員ではなく、使用者である会社などの組織が著作者、著作権者になる**と定めています。こうした制度のことを、「**職務著作**」または「**法人著作**」と言います。

条文上、職務著作が成立するための要件が色々と定められてはいますが、全てを正確に理解しなくてもとりあえずは大丈夫です。多少の不正確さは承知の上で言えば、**従業員が所属組織からの命令や企画等に基づき業務上創作し、所属組織の名義で公表する著作物については、最初から所属組織が著作者、著作権者になる**という程度の理解で十分だと思います。結局のところ、会社の業務として創作した文章等の多くは職務著作として会社が著作者、著作権者になるといってよいでしょう。

一方で、たとえば勤務時間中に仕事をさぼってこっそり書いた小説やブログ、SNSの投稿、あるいは社員旅行の様子を私的に撮影した写真といったようなものは、所属組織からの命令等に基づき創作したものでも、業務上創作したものでもありませんので、職務著作は成立せず、原則どおり創作者である従業員が著作者となり、著作権を取得します。

例外その2　映画の著作物

もう一つの例外は映画の著作物です。映画の著作物では、監督やプロデューサーのように映画全体にクリエイティブな関与をした者が著作者になり（16条）、製作を企画し、製作費を負担した映画製作の責任者（著作権法上は、「**映画製作者**」と言います）が著作権者になると決められています（29条1項）。要するに**映画の著作物に関して言えば、ざっくり言うと、製作リスクを負担した者が著作権者になる**わけです。

また、映画以外の著作物の場合、先ほど説明したとおり、著作物が創作された時点では、著作者イコール著作権者であり、著作権の譲渡が行われた場合に両者が分離しますが、映画の著作物の場合、最初から著作者（＝監督等）と著作権者（＝映画製作者）とが分離しているという点に、大きな特徴があります。
たとえば、２０１６年の大ヒット映画『シン・ゴジラ』で言えば、総監督である庵野秀明さん等が著作者、映画製作者である東宝が著作権者になると考えられます。なお、『シン・ゴジラ』の場合は、東宝の単独出資ですが、多くの映画は、「**製作委員会方式**」といって、映画会社のほか、テレビ局や出版社、広告代理店等複数の会社が製作費を出資することにより製作されており、こういった場合では、通常、完成した映画の著作権は、出資額に応じた持分割合で出資者全員が共有することになっています。

このように、映画の著作物は、他の著作物とは異なる取扱いがされていますが、これは、一般的に、映画は小説や音楽等と比べて１つの作品の創作に関与する者が多く、原則に従うと権利関係が複雑になってしまうことから、一種の特別扱いがされているわけです。

なお、上記は、映画の著作物それ自体の著作者、著作権者についての説明ですが、映画の場合は、その元になった脚本があり、さらには、脚本の元になる漫画や小説といった原作があります。また、通常は、主題歌やいわゆる劇伴音楽といった形で音楽も使われますし、映画によっては様々な美術セットが使われます。そして、実際に映画を利用する場合には、これらの著作物についてもその著作者や著作権者は誰なのかも考える必要があります。

こうした映画の元になった脚本や漫画、小説、あるいは映画に使われている美術等の著作物の著作者のことを「**クラシカル・オーサー**」といい、監督等、映画の著作物自体の著作者のことを、「**モダン・オーサー**」と言います。聞き慣れない言葉ですが、どちらも一種の業界用語であり、知らないと話についていけない場合がありますので、ついでに覚えてください。

クラシカル・オーサーの決め方については、既に述べたとおりであり、職務著作が成立する場合を除き、実際に著作物を創作した者（脚本であれば脚本を執筆した執筆家、劇伴音楽であれば作曲をした作曲家）が著作者としてクラシカル・オーサーになります。なお、モダン・オーサーも職務著作が成立する場合もあります。たとえば、フリーの映画監督がある映画の監督を務めた場合は、監督自身がその映画の著作者になりますが、あるテレビドラマの監督をテレビ局の社員が務めた場合は、職務著作として、その社員ではなくテレビ局が著作者となることが多いと言えます。

第4章 著作者の〝こだわり〟守る人格権

本章からは、著作者が取得する権利の内容についてざっくりさくっと説明していきます。

これまで、**著作権とは、「著作権者」が他人に「著作物」を無断で「利用」されない権利であるとしつこく説明してきました。**そして、第3章では、**著作物を創作した「著作者」が「著作権」を取得する「著作権者」になるのが原則であること**、そして**「著作権」は第三者に譲渡することが可能であること**などを説明しました。

ただ、第3章での説明は少しだけ不正確なところがあって、著作者が取得する「著作権」には、実はもう一つ、「他人に著作物を無断で利用されない権利」とは別の性質、種類の権利があります。それがこの章で説明する「**著作者人格権**」です。

これまで「著作権」として説明していた「他人に著作物を無断で利用されない権利」は、「**著作財産権**」と呼ばれることもあり、文字通り財産的な性質を持つ権利です。財産的な性質を持つ権利だからこそ、第三者への譲渡が可能であり、取引の対象になるわけです。単に「著作権」といった場合、通常は「著作財産権」のことを指すため、多少の不正確さは承知の上で、ここまでは、もっぱら著作財産権のことを念頭に置いた説明をしてきました。

そんなわけで、まずは、**著作物を創作した著作者が取得する「著作権」には、大きく「著作財産権」と「著作者人格権」の2つがある**ということを押さえてください。なお、第3章の最後でみたとおり、映画の著作物に関しては、職務著作が成立する場合を除き、著作者と著作権者とが最初から分離しますので、著作者である監督等が著作者人格権を取得し、著作権者である映画製作者が著作財産権を取得するということになります。

著作者人格権は第三者に譲渡できない

細かい説明は後でするとして、著作者人格権は、文字通り著作者の「人格」にかかわる権利であり、言ってみれば、作品（著作物）を創作した**著作者本人の作品に対する種々の〝こだわり〟を保護する権利**です。それゆえ、**著作者人格権は、著作権（著作財産権）のように第三者に売ったりあげたりすることはできず、著作者のみが保有できる権利です**（**59条**）。

したがって、著作者Aさんが自作の小説の著作権をBさんに譲渡したという場合でも、Bさんが取得するのは財産権としての著作権だけで、その小説の著作者人格権は、譲渡後も著作者であるAさんがずっと持ち続けます。BさんはAさんが書いた小説の著作権を譲り受けたからといって、著作者人格権までは取得できませんので、著作権者となったBさんですら、その小説を利用するに際しては、Aさんの著作者人格権の侵害をしないよう気を付ける必要があるということになります。それでは、Bさんは、具体的にどのようなことについて気を付ける必要があるのでしょうか。肝心の著作者人格権の中身をざっくり見てみましょう。

著作者人格権は公表権、氏名表示権、同一性保持権の3種類

著作権法は、18条から20条にかけて、著作者人格権として、①**公表権**②**氏名表示権**③**同一性保持権**という**3種類の権利**を定めています。以下、順に見ていきます。

●公表権（著作権法18条）

まずは「公表権」です。**公表権は、著作者が著作物を公表するかしないか、公表する場合、いつ・どのように公表するかを決定できる権利**です。たとえば、ある作家が小説を書き上げたものの、残念ながら納得いく作品ではなかったため、世の中には発表せず、「お蔵入り」にするという苦渋の決断をしたとします。にもかかわらず、この作品を出版社が作家に無断で勝手に出版して公表したり、友人が勝手にインターネットにアップして公表したりすれば、公表権の侵害に当たります。

また、群馬県出身である私は、大学進学を機に上京し、以後、似非シティボーイを気取る一方で、『**群馬あるある**』（TOブックス、2014年）という本を出すほど郷土愛（グンマ

愛）に溢れているのですが、そんな私が、この度新たに『ぐんまちゃんあるある』という本を上梓することがめでたく決定したとします（そんな予定はまったくありません。念のため）。そして、その本は、私の強いこだわりで、ぐんまちゃんの誕生日であり、かつ私の結婚記念日でもある2月22日に刊行することに決めたとします（別にぐんまちゃんの誕生日に合わせて入籍したわけではありません。念のため）。にもかかわらず、出版社が私の意向を無視して群馬県民の日である10月28日にこの本を刊行すれば、それも公表権侵害に当たると考えられます。

以上はあくまで原則であり、法律上色々と細かい例外が定められています。一例を挙げると、まだ公表していない著作物の著作権を誰かに譲渡した場合は、その著作物を公表することに著作者が同意したものと推定されます（18条2項1号）。ですので、著作者が著作権は譲渡するけれども公表のタイミングにこだわりがあるような場合（自分が亡くなってから公表して欲しいという場合や特定の日に公表して欲しいという場合など）は、そのことを著作権譲渡の契約で明確にしておく必要があり、これを明確にしておかないと、譲受人が決めたタイミングで公表されたとしても、公表権侵害だとして文句を言うことができなくなってしまいます。

●氏名表示権（19条）

次に「氏名表示権」です。**氏名表示権は、著作物が利用される際に著作者名を表示するかしないか、表示する場合にどのように表示するかを決定できる権利**です。ざっくり言えば、作品に付される**クレジットを、①本名、②ペンネーム、③匿名（＝著者表示をしない）のどれにするか決めることができる権利**です。なお、著作権法では、①本名のことを、「**実名**」、②ペンネームのことを、「**変名**」と言いますので、ついでに覚えましょう。

したがって、シャイな著作者が匿名かペンネームでお願いしますと言っているのに勝手に著作者として本名を作品に表示したり、あるいは、著作者が本名でお願いしますと言っているのに、「ちょっと本名地味でこれじゃあインパクトないな」とか言って勝手に変なペンネームをつけて作品に表示したりすると、いずれも氏名表示権侵害に当たります。

氏名表示権にも色々細かい例外が定められています。たとえば、その作品について既に著作者がある著作者表示をしているような場合は、著作者から特に何も言われなければ、その表示をすれば氏名表示権侵害には当たらないことになっています（19条2項）。

たとえば、本書は、もともと「コピライト」という著作権業界誌での大人気（?）連載（「ざっくりさくっと著作権」）がベースになっており、その連載での著作者表示は無難に「池村聡」でしたが、私が何を思ったか、連載途中で、次回から著者表示を「さとし♂」と変えたいと熱望したとしても、その希望を雑誌編集部にちゃんと伝えなければ、次回の著作者表示が従前どおり「池村聡」とされたとしても、私は氏名表示権の侵害を主張することはできません。

もう一つ重要な例外として、**「著作物の利用の目的及び態様に照らし著作者が創作者であることを主張する利益を害するおそれがないと認められるとき」は公正な慣行に反しない限り、著作者表示を省略してもよい**とされています（19条3項）。要は、**わざわざ著作者名を表示しなくても著作者を傷つけることにならないし、普通こういう場合はいちいち著作者名は表示しないよね**、という場合です。

この例外により、たとえばスーパーマーケットのBGMで音楽を利用する場合に、「ただ今の時間から30分間、タイムセールが始まります！　チョコレートコーナーの商品は全て半額になります！　タイムセール中のBGMはBABYMETAL『ギミチョコ!!』、作曲はTAKESHI UEDAさんです！　それではどうぞ！」なんて風にお店の人がいちいち作曲者名をアナウンスしたり、あるいは「本日の店内BGM曲名・作曲者一覧」等として店内掲示板にセットリスト（?）を張り出したりする必要はありません。また、Perfume

のライブで、あ～ちゃんが「最後の曲は『Ｐｕｐｐｙ ｌｏｖｅ』です！　聴いてください！　作詞・作曲はもちろん我らが中田ヤスタカさんです！」なんて風にいちいちＭＣで紹介しなくても、中田ヤスタカさんの氏名表示権を侵害することにはなりません。

●同一性保持権（20条）

最後に「同一性保持権」です。**同一性保持権とは、著作物の題号（タイトル）や内容を意に反して改変されない権利**ですが、著作者人格権の中で、実務上トラブルになることが最も多い権利といえ、その分しっかり理解をする必要があります。

同一性保持権に関しては、具体例で見た方が手っ取り早いので、まずは実際に起きた大事件を題材に説明しましょう。

「蜘蛛の糸」事件

「蜘蛛の糸」事件なんて裁判例知らないぞ⁉　と焦った著作権マニアな読者がもしいればごめんなさい。これは私が中学1年の夏休みに書いた読書感想文が学年代表に選ばれ、全校朝礼で表彰された際の極めて私的なエピソードです。そのとき私が書いた読書感想文のタイトルは、「**『芥川龍之介全集』を読んで**」。ただ、その中身はと言えば、「どの作品も心を打たれたが、最も心打たれたのは『蜘蛛の糸』である」という枕に続き、ひたすら『蜘蛛の糸』の感想のみを書くという代物でした。もう時効なのでついでに白状しておくと、私は当時、『蜘蛛の糸』以外の芥川作品は一切読んだことがなく、さらに言えば、前年（小学6年）の夏休みに書いた読書感想文のタイトルは「『蜘蛛の糸』を読んで」でした。そう、私は2年続けて『蜘蛛の糸』の深淵なる世界に挑み、2年目の挑戦にして遂に学年代表という栄光を掴んだわけです。ただ、実際は『蜘蛛の糸』しか読んでいないことや『蜘蛛の糸』連続作戦（？）のある種の後ろめたさからか、あるいは「全集読んだぜ」的な、思春期にありがちなイキがり・ハッタリのつもりだったのか、今となってはその理由は定かではありませんが、ともかく私は、2年目の読書感想文には、「『芥川龍之介全集』を読んで」という大仰なタイトルを付けました。ところが、全校朝礼で読み上げられた読書感想文のタイトルは、「**『蜘蛛の糸』を読んで**」。私はそんなタイトルの読書感想文を提出した覚えはありませんので、自分の読書感想文のことだとはにわかに認識できず、事態をよく飲み込めなかったのですが、当時国語の授業を担当していた若い女性教師から「早く前に出なさい！」と大声で怒鳴られ、「でも題名が違……」とか言いかけても、「いいから早く前に出なさい!!」となおも大声で急かされたため、今一つ納得できないまま、とりあえず前に出て、全校生徒の前で校長先生から賞状を手渡されました。そして、朝礼の後、その若い女性教師は、私に対し、ニコニコしながら、こともなげにこう言い放ちました。「**『芥川龍之介全集』は全部で12巻もあるのよ。どうせ『蜘蛛の糸』が収録されている巻しか読んでないんでしょ？　そう思って先生の方で題名を変えておいたから♪**」と。田舎の冴えない一中学生に過ぎなかった私は、当時著作権、ましてや同一性保持権の知識など持ち合わせているわけもなく、ただただ釈然としない気持ち、直截に言えば、非常に不快な気持ちであったことを、今でもはっきりと覚えています。そして、この時の女性教師のおせっかいで軽率な行為が、実は私の同一性保持権を侵害する立派な違法行為であり、犯罪行為でもあったということは、それから約8年後、大学で著作権法の講義を受けたときに初めて知りました。そして、それをきっかけに、私は復讐の鬼と化し、著作権専門の弁護士を目指すことになったのです（これはもちろん嘘です）。

「おふくろさん」騒動

私の極私的エピソードはこの程度にして、もう少しメジャーな事件も紹介しましょう。先ほどの「蜘蛛の糸」事件は、著作物の題号（タイトル）の無断改変が問題となった無名の事件ですが、著作物の内容の無断改変が問題となった有名な事件として、「**おふくろさん**」**騒動**（２００７年）があります。

森進一さんの代表曲『おふくろさん』（作詞：川内康範、作曲：猪俣公章）を巡ってワイドショーを賑わせたあの事件です。ざっくり言うと、森進一さんが、『おふくろさん』のイントロの前に、「いつも心配かけてばかり　いけない息子の僕でした　今はできないことだけど　叱ってほしいよ　もう一度」というフレーズ（一種のセリフで、音楽用語では、「バース」と呼ばれます）を加えて歌っていたところ、『おふくろさん』の歌詞を書いた故・川内康範さんの逆鱗に触れてしまい、川内さんが森さんに「金輪際『おふくろさん』は歌ってくれるな」と通告し、さあ大変、という事件です。このときの川内さんは、別に著作権法を直接持ち出して激怒していたわけではないように記憶していますが、**怒りの原因を敢えて著作権法的に考察してみれば、勝手に歌詞を改変されたとして同一性保持権侵害を主張していた**ものと分析・評価できるのではないかと思います。この事案では、オリジナルの歌詞の一部の表現を別の歌詞に言い換えたり、あるいは歌詞の一部を切り取ったり、といったことはされていませんので、イントロ前に付加された先のフレーズは元の歌詞とは別の独立した表現であって、オリジナルの歌詞の同一性保持権は侵害しないという考え方も可能だと思いますし、私自身はそう考えていますが、同一性保持権がどんな権利かイメージを掴むには面白い事例ではないかと思います。

「森のくまさん」騒動

「おふくろさん」事件と似たようなワイドショー的騒動として、記憶に新しいところでは、**「森のくまさん」騒動**（2017年）があります。

この騒動は、**パーマ大佐**という太田プロに所属する芸人さんが、『森のくまさん』の歌詞にオリジナルの歌詞を盛り込んだネタ曲で大手レコード会社からCDデビューを果たしたところ、『森のくまさん』の日本語訳詞（注：『森のくまさん』はもともとアメリカ民謡で、日本でよく知られているお馴染みの歌詞は訳詞になります）をした馬場祥弘さんが、無断で歌詞を改変するのは同一性保持権の侵害であるとし、CDの販売差し止め等を求めたという事件です。

問題となった楽曲はYouTubeのパーマ大佐公式チャンネルで誰でも見ることができますので（本書執筆時点）、是非チェックしてみてください。実際の曲を聴き、オリジナルの訳詞と比較することにより、同一性保持権のイメージを掴むことができるのではないかと思います。なお、報道によれば、最終的には、「訳詞：馬場祥弘」というクレジットに加え、「加詞：パーマ大佐」というクレジットを入れること等を条件に、無事めでたく円満解決をしたとのことです。

弁護士としての私の実感としても、**同一性保持権に関係する相談案件は非常に多い**と言えます。実際裁判例も沢山あり、たとえば学生が執筆した論文の送り仮名の変更や読点の削除等を大学が勝手に行ったというケースで同一性保持権侵害が認められたという事件がありま す。実務上は、**著作物のタイトルや内容を少しでも変更する場合は、ナーバスになる必要性が高い**ということが言えるかと思います。なお、公表権や氏名表示権と同様に、同一性保持権についても、著作権法上色々と例外が定められています。具体的には以下のような例外があります（20条2項）。

- **教科書等に著作物を掲載する場合の教育上やむを得ない用字等の変更**（小学校の教科書に小説を掲載する際に、教育的配慮から漢字表記をひらがな表記に変更する場合等）
- **建築の増築等**（平屋建ての建物に二階を増築や老朽化した建築物の耐震工事に伴いその建築物に改変が生じる場合等）

●コンピュータプログラムのデバッグやヴァージョンアップ

これらのほか、「**著作物の性質並びにその利用の目的及び態様に照らしやむを得ないと認められる改変**」があります。たとえば、音痴であるがために、曲のメロディーをちゃんと再現できない場合などがこれに当たると言われています。別に音痴でなくとも、アドリブでメロディーを変えて歌うような場合はこれに当たると考えてよいでしょう。ヘヴィ・メタルやハードロックの楽曲をコピー演奏する際に、ギターソロ部分のメロディーをアドリブで一部変えたりする場合も同様です。

COLUMN 同一性保持権の新たな考え方 ～改変を認識できれば『改変』に当たらない説～

近時、同一性保持権に関して、若手研究者のホープ的存在である明治大学准教授の金子敏哉先生が注目すべき見解を発表されています。その名も、「**改変を認識できれば『改変』に当たらない説**」（中山信弘・金子敏哉編『しなやかな著作権制度に向けて　コンテンツと著作権法の役割』（信山社、2017年）375ページ）。ちょっと長くて字数を食うので、以下では「金子説」と呼びますが、この金子説は、ざっくり言えば、同一性保持権の対象となる著作物の改変とは、改変後の著作物に接した通常の人をして、それ（改変後の著作物）がオリジナルの著作物であるとの誤解を生じさせるケースを言い、そういった誤解が生じない場合には、改変には当たらず、同一性保持権侵害にはならないという見解です。

たとえば、誰もが知っている有名な歌詞のサビ部分をいじって替え歌にするケースを考えてみると、一般的な解釈では、改変に当たり、著作者である作詞家の意に反する場合は、同一性保持権侵害が成立するという結論になりますが、金子説によれば、その替え歌に接した通常の人は、「**あぁ、あの有名な曲の替え歌だな**」と認識し、その替え歌の歌詞がオリジナルの歌詞だとは誤解しないことから、こういった場合はそもそも改変には当たらず、同一性保持権侵害は成立しないという結論になります（一方、替え歌かどうか分からないほど、微妙に歌詞を変えるような場合は、変えた後の歌詞がオリジナルの歌詞だという誤解が生じてしまいますので、同一性保持権侵害は成立するという結論になります）。先ほど紹介した「森のくまさん」騒動も、パーマ大佐の歌う「森のくまさん」がオリジナルの「森のくまさん」だとは、普通は誰も勘違いしないでしょうから、金子説に従えば、同一性保持権侵害には当たらないという結論になると考えられます。

金子説は、同一性保持権は単なる改変から守る権利ではなく、改変された著作物をオリジナル作品であると誤解されてしまうことから守る権利であると位置づけています。たしかに世間的にこういった誤解が生じない限り、オリジナル作品に関する著作者の社会的評価が低下することもないと考えられますので、ともすれば過度に広汎になりがちな同一性保持権が及ぶ範囲を、真に必要な範囲に抑えることができるという意味で、非常に魅力的な見解だと思います。また、この説によれば、有名な作品であればあるほど、同一性保持権侵害が成立する範囲が狭くなることになると考えられますので、パロディ問題（↓225ページ～）を考える上でも、一つの有力な解決策になり得るのではないでしょうか。

みなし侵害（著作者の名誉声望を害する利用）

著作権法が著作者人格権として認めているのは、公表権、氏名表示権、同一性保持権の3種類です。

ただ、ちょっと複雑なのですが、これらの権利を侵害しない場合でも、**著作者の名誉または声望を害する方法によって著作物を利用する行為**は、著作者人格権を侵害する行為とみなされる（つまり著作者人格権侵害であるとして取り扱われる）という規定があり（113条6項）、「**みなし侵害**」なんて風に言います。

たとえば、ある楽曲を、作曲者の同意なく反社会的な団体のPR映像や集会のBGMや残虐な映像のBGMに利用する場合などが、これに当たると考えられます。ここまで極端な例でないにせよ、実務上、みなし侵害に該当するかが問題となるケースは少なくありませんので、ついでに覚えておいて損はありません。ちなみに、カトチク（↓25ページ）では、「**芸術作品である裸体画を複製してヌード劇場の立看板に使う**」**場合**が例として紹介されています。

まとめ

誰だって自分の作品を勝手に公表されたり、著者名やタイトル、内容を赤の他人に勝手にいじられたりすれば面白くありませんし、不快です。著作権法はこれを著作者人格権として法律上保護し、さらには第三者に譲渡することはできないとしているのです。

なお、著作者人格権が人格にかかわる権利であるがゆえに、著作者人格権を巡る紛争は、とかく感情的なものになりがちであり、私の経験則上、一度こじれてしまうと収束が非常に困難なものが多い気がします。こうした不幸な紛争を未然に防止するためには、一に正確な著作権法の知識、二に作品やそれを生み出した創作者に対するリスペクト、を常に意識することが重要です。

COLUMN ゴーストライター事件（2014年）

「現代のベートーベン」と呼ばれた音楽家・佐村河内守さんが、実は自分は作曲をしておらず、新垣隆さんという**ゴーストライター**を雇い、新垣さんに作曲をさせていたという事件が世間を騒がせたのは、未だ記憶に新しいところかと思いますし、スキャンダラスという意味では、日本の音楽史上で、過去に例を見ない大事件だったように思えます。

そこで、この事件を題材に、これまでの内容を復習してみます。

「ゴーストライターなんて使って世間を欺いてけしからん！」といった問題が別にあることはもちろんではありますが、こと著作権という観点から見た場合、**実際に曲を作った著作者である新垣さんが、自身が創作した楽曲の著作権を佐村河内さんに対して譲り渡すこと自体は、特に法に触れるものではなく、違法でもなんでもありません。**67ページで説明したとおり、著作権の譲渡は実務上日常茶飯事であり、特に音楽業界では、作詞家・作曲家は、ほとんどの場合、音楽出版社と呼ばれる会社に著作権を譲渡し、音楽出版社がさらにJASRACやNexToneといった著作権管理団体に著作権を譲渡したり、管理を委託したりしています。

佐村河内さんのケースでも、新垣さんが佐村河内さんに曲の著作権を譲渡した後は、著作権者は佐村河内さんだということになります。もっとも、著作者人格権は譲渡することはできませんので、新垣さんが楽曲の著作権を佐村河内さんに譲渡した後も、新垣さんは依然として著作者であり、著作者人格権（公表権、氏名表示権、同一性保持権）を保有し続けます。ただ、たとえば著作者である新垣さんご自身が、佐村河内さんとの間で、「佐村河内さんの好きなタイミングで楽曲を公表してもいいですよ」（＝「公表権は行使しません」）、「作曲者表示は佐村河内さんの名前で構いません。私の名前は別に出していただく必要はありません」（＝「氏名表示権も行使しません」）、「佐村河内さんの方で好きに楽曲をアレンジしていただいてもかまいません。いちいち私に確認いただかなくても大丈夫です」（＝「同一性保持権だって行使しません」）といった合意を仮にしたとすれば、著作者人格権の問題も別段生じないということになります。

なお、以上はあくまで公表されている報道ベースに単純化した仮定の話です。佐村河内さんを追ったドキュメンタリー映画『FAKE』（森達也監督、2016年）を受けた新垣さんサイドのコメント（「新垣隆オフィシャルサイト」で見ることができます）を読む限り、両者には様々な認識や見解の食い違いがあるようです。

いずれにせよ、こんな感じで、著作権のことを少し勉強してからあの事件を考えてみると、また違った見方ができるのではないでしょうか。

第5章　著作財産権①

～無断で○○されない権利～

さて、第4章では、著作物を創作した「著作者」が取得する「著作権」には、大きく「著作者人格権」と「著作財産権」の2種類の権利があることを説明した上で、「公表権」「氏名表示権」そして「同一性保持権」の3つの権利からなる「著作者人格権」について、私的エピソード満載でお届けしました。第5章と第6章では、「著作財産権」について取り上げます。

あらゆる利用行為に対して及ぶ権利ではない

これまで本書でも基本的には「著作権」という用語を「著作財産権」の意味で使ってきたとおり、日常用語として単に「著作権」といった場合は、「著作財産権」のことを指すケースがほとんどです。そして、この意味の著作権は、繰り返しになりますが、「他人に無断で著作物を利用されない権利」です。

ただ、「他人に無断で著作物を利用されない権利」と言っても、著作権は、著作物のあらゆる利用をコントロールできる権利ではなく、**著作権法が認める特定の態様の利用行為に対してのみ及ぶ権利**です。

たとえば、ある小説家が、自分の作品について悪く言う評論家に対し、「あんたは金輪際俺の作品を読むな！　俺に無断で読んだら著作権侵害だからな！」とは言えません。**著作権**

法は、「無断で著作物を読まれないない権利」を著作権として認めていないからです。また、いくら天下の（？）ＪＡＳＲＡＣと言えども、ＮＨＫのように各家庭を訪問して、「お宅にはお風呂がありますね？　お風呂でＪＡＳＲＡＣ管理楽曲を歌う場合はＪＡＳＲＡＣに事前申請をして所定の使用料をお支払いください。お得な歌い放題の年間契約もあります。なお、ユニットバスの場合は、当面の間支払免除となっております」なんてことは言えません。**自宅の風呂で歌う行為は著作権法上、著作権の対象ではない**からです。

権利の束？

著作者人格権が公表権、氏名表示権、同一性保持権という3つの権利で構成されるように、著作財産権も複数の権利で構成されます。細かい説明は後回しにするとして、とりあえず著作権法第21条以下で登場する順に並べると以下のとおりです。

①複製権、②演奏権・上演権、③上映権、④公衆送信権・公の伝達権、⑤口述権、⑥展示権、⑦頒布権、⑧譲渡権、⑨貸与権、⑩二次的著作物創作権（翻案権）、⑪二次的著作物の利用権

このように、一口に著作権（著作財産権）といっても、実に多くの権利から成り立っているため、「**著作権は権利の束である**」などとも言われています。それぞれの権利が対象とする利用行為が「無断で○○されない権利」の「○○」だということになります。ちなみに、①~⑪の各権利のことを「**支分権**《しぶんけん》」と呼びます。こちらは一種の業界用語ですので、ついでに覚えてください。

何はともあれ「複製権」

最初に、著作権のうち、最も基本的な権利である「**複製権**」について説明します。複製権とは、「**他人に無断で著作物を複製（コピー）されない権利**」です。著作権のことを英語でコピーライト（COPYRIGHT）と言いますが、このことからも、複製権が最も基本的な権利であることが分かるかと思います。

まずは、ここで言う「**複製**」の意味について説明しましょう。「複製」や「コピー」というと、我々は、ある絵画のレプリカを作成するとか、コピー機で新聞記事を複写するとか、音楽CDに収録されている音楽データをCD－Rに焼くとか、パソコン上でテキストをコピペするとか、デジカメで撮影した画像データをハードディスクに保存するとかといったように、ある著作物について、「そっくりそのまま同じ物やデータを作る」こと、つまり機械的に再現することをついつい思い浮かべがちです。我ながら古い例えで恐縮ですが、『パーマン』（藤子・Ｆ・不二雄）に出てくるコピーロボットみたいなイメージでしょうか。

たしかに、日常用語としての「複製」は、多くの場合そのような意味で使われていると思いますが、著作権法上の法律用語としての「複製」は少々意味が異なります。もちろん、著作権者に無断で映画の海賊版ＤＶＤや漫画の海賊版を製造するといった真っ黒な複製権侵害事例を考えれば、こうした機械的に再現する場合が「複製」の典型例であることは間違いありません。

ただ、著作権法上、「複製権」の対象となる「複製」は、日常用語としてのそれよりも、もう少し広い意味であり、**ある著作物について「（全く同じではないものの）よく似た別の作品」を作成等することも「複製」に含まれます。**

具体的には、ある絵画を手書きで模写することも著作権法上は、その絵画の「複製」です（あまりに下手くそで、模写した絵が元の絵画と似ても似つかないような場合は除きます）、ある絵画の「**盗作**」「**パクリ**」の類も、度を越してよく似た作品で、そこに新たな創作性が何ら加わっていないような場合は、そうした作品を描いたり印刷したりすることは元の絵画（＝パクられた方の絵画作品）の「複製」に当たります。具体的にどこまで似た作品の場合に複製になるのかという、大変悩ましく、そして難しい問題があるのですが、これについては、次章で具体例とともに紹介することとして、この章では、とりあえず複製権以外の権利についてもざっくりさくっと説明を進めます。

上演権・演奏権、上映権、公衆送信権・公の伝達権、口述権、展示権

●上演権・演奏権（22条）

「**無断で公衆に直接見せるために上演するな**」と言える権利が「**上演権**」、「**無断で公衆に直接聞かせるために演奏するな**」と言える権利が「**演奏権**」です。演劇やダンスパフォーマンスなどを演じることを「**上演**」、音楽作品を演奏したり歌唱したりすることを「**演奏**」と言います。ポイントは、あくまで「**公衆に**」見せたり聞かせたりすることを目的とする上演や演奏だけが著作権の対象であるということです。

先ほど自宅のお風呂での歌唱に対してJASRACは著作権を主張できないという趣旨のことを書きましたが、自宅のお風呂での歌唱は「公衆に」聞かせることを目的とするものではないため、演奏権の対象ではないというのがその理由です。なお、著作権法上、「**不特定または多数**」の人を相手にすることを「**公衆**」と言います（2条5項）。ですので、大変奇

抜な例で恐縮ですが、ある銭湯好きのアーティストが、スーパー銭湯で湯船に浸かった観客たちの前で演奏を披露する「全国五大スーパー銭湯ツアー２０１７」という斬新なライブツアーを企画し、これを決行した場合は、**フロアならぬ風呂での歌唱**ではありますが（音響は案外良さそうな気がします）、公衆を相手にしているため、演奏権の対象となります。

なお、あくまで公衆に聞かせることを目的としていればよいので、ふたを開けてみたら客が１人しか来なかったという切ないライブであっても演奏権の対象です。ちなみに、上演や演奏と言うと、何となくライブ上演やライブ演奏を思い浮かべてしまいますが、上演や演奏が収録されたＤＶＤやＣＤを流すこと（例：店内ＢＧＭ）も著作権法上は上演、演奏に含まれますので要注意です。

COLUMN

音楽教室vsＪＡＳＲＡＣ　～仁義なき戦い～

演奏権を巡っては、本書執筆時（２０１７年）に、世間を賑わす大きな事件が勃発しました。ＪＡＳＲＡＣが、ヤマハ音楽教室やカワイ音楽教室といった音楽教室に対して、新たに演奏権使用料を徴収する方針を決定したところ、これに反発した音楽教室側が、ＪＡＳＲＡＣを相手取って、なんと裁判を起こしたのです。通常、裁判は、使用料を請求する側（本件で言えばＪＡＳＲＡＣ）が、使用料の支払いを拒む側（本件で言えば音楽教室）を訴えるケースが多いのですが、この件では逆の構図になっているのが特徴です。つまり、音楽教室側が、ＪＡＳＲＡＣには使用料を請求する権利がないことを確認するために起こした裁判です。

筆者も子供の頃にずっとピアノを習っていましたが、当時練習したのはチェルニーをはじめとしたクラシック曲ばかりでした。クラシック曲は、著作権の保護期間が切れていますので、著作権使用料云々の問題は生じませんが、最近の音楽教室では、いわゆるＪ－ＰＯＰ等、著作権の保護期間が切れていない楽曲も課題曲としているようであり、そのためこうした問題が生じるわけです。

ちなみに、音楽教室で生徒が使用する教材には、楽譜が掲載されているわけですが、ある楽曲を楽譜にすることは、複製権の対象となるため、そこの部分については、既にＪＡＳＲＡＣに対してちゃんと複製権の使用料が支払われています（市販の楽譜と同様です）。今回は、それに加えて、教室内での演奏行為に対して、ＪＡＳＲＡＣが新たに使用料を請求する方針を打ち出したため、音楽教室側が一致団結して大反発をしたわけです。

この問題は様々な論点がありますが、本書執筆時において公開されている資料によれば、音楽教室側は、教室内での演奏は「公衆」に対するものではないこと等を争っています。

先に述べたとおり、著作権法の世界では、「公衆」とは「不特定又は多数」のことを言いますが、音楽教室では、決まった教師一人に対して決まった生徒一人または数人でレッスンが行われることから、教師と生徒との結びつきが強く、「不特定又は多数」を相手にするものではない（「特定少数」を相手にするものである）ということを主張しているのだと思われます。一方、これまでの裁判例では、誰でも契約をすれば入会できるようなケースは、「不特定」に当たると判断されており、たとえばカラオケボックス内や社交ダンス教室内での音楽再生に関する裁判では、いずれも「公衆」に対する演奏であるとされ、ＪＡＳＲＡＣが勝訴しています。世間的には、ＪＡＳＲＡＣは超嫌われ者であることもあって、ＪＡＳＲＡＣは無茶な主張をしているという意見が多いのかもしれませんが、著作権関係業界では、こうした過去の裁判例に照らし、ＪＡＳＲＡＣ優勢と見る人が多いという印象を受けます。

音楽教室の場合、一口に演奏といっても、教師が行う演奏と生徒が行う演奏に区別することができ、両者を一緒くたに扱ってよいかという問題があるように思います。また、特に教師の演奏の場合は一曲フルで演奏するわけではない（苦手なフレーズを繰り返し演奏するなど）といった特殊な問題もあります。音楽教室での演奏に関する裁判は、今回が初のケースであり、裁判所がどう判断するか非常に注目されます。

なお、この問題について、宇多田ヒカルさんが、「**もし学校の授業で私の曲を使いたいっていう先生や生徒がいたら、著作権料なんか気にしないで無料で使って欲しいな。**」とツイートしたことが話題を呼びました。ただ、宇多田さんがつぶやいている「学校の授業」での演奏は、権利制限規定（↓154ページ～）の対象となり、著作権使用料はそもそも発生しませんし、今回ＪＡＳＲＡＣは、音楽大学や音楽専門学校から著作権使用料を徴収しようとしているわけではありませんので、宇多田さんのつぶやきは誤解に基づく可能性も大いにあります。

●上映権（22条の2）

「**無断で著作物を公衆に直接見せることを目的として映写されない権利**」が「**上映権**」です。

映画をスクリーンや大型モニターに映写することや、写真やイラストのスライドを映写することが典型例ですが、演奏権や上演権と同様に、あくまで「公衆」相手の行為だけが上映権の対象となる行為です。

●公衆送信権・公の伝達権（23条）

「公衆送信権」とは、「**無断で著作物を放送・有線放送やインターネット配信されない権利**」です。ある映画を著作権者に無断でテレビ放送したり、ある詩を著作権者の許可を得ずにラジオ番組で読み上げたりすれば公衆送信権侵害です。

公衆送信権は、現代のインターネット社会において、非常に重要な権利と言えます。「公衆」送信権という権利の名前からも分かるとおり、放送にせよインターネット配信にせよ、「公衆」を相手にされるものが権利の対象となりますが、放送もインターネット配信も、通常はアクセスさえすれば誰もが見ることができるわけですので、視聴率や閲覧数、アクセス数にかかわらず、公衆送信権の対象となります（一方、特定少数のみを相手として行うメール送信やファックス送信等は、公衆送信権の対象ではありません）。テレビ番組を著作権者に無断で動画投稿サイトにアップしたり、ゲームや漫画等のデジタルデータをファイル共有ソフトにアップロードしたりすれば、立派な公衆送信権侵害であり、テレビ局やゲーム会社、出版社等は、多額の費用をかけてこうした侵害行為と日々闘っています。

「**公の伝達権**」は公衆送信権の陰に隠れた非常に地味な存在で、実務上も出番が少ないマイナーな権利です。**公衆送信される著作物を、受信装置を使って公衆に直接見聞きさせる目的で伝達されない権利**です。文字面だけ見てもよく分からないと思いますが、たとえばテレビ放送されているドラマを、受信装置（要はテレビのことです）を使って公衆に見せたり、ラジオ番組を、受信装置（ラジオ）で受信して公衆に聞かせたりする場合に関係します。昔、戦後間もない時期の「**街頭テレビ**」のようなイメージでしょうか。なお、あくまで放送されている番組をリアルタイムで見せる場合のみがこの権利に関係し、録画したものを見せることは、上映権の守備範囲です。

なお、この権利の出番が少ない原因は、大きな例外（権利制限規定➡154ページ〜）があるからです。具体的には、電器屋さん等で売られている家庭用の受信装置（テレビやラジオ）によってテレビを見せたりラジオを聞かせたりするのは、著作権者の許可は不要とされています（38条3項）。この例外によって、飲食店等はテレビ局等の許可を得ることもなく、客にテレビを見せたり、ラジオを聞かせたりすることが自由にできるわけです。ラーメン屋でテレビ番組を見ながらチャーシューメンをすすりつつ、公の伝達権に思いを馳せるようになれば、あなたも立派な著作権通と言えるでしょう（同行者にドヤ顔で解説すると、ウザがられますのでやめた方がよいでしょう）。

COLUMN
リーチサイト

インターネットの大きな特徴として、「**ハイパーリンク**」（**リンク**）という技術があります。ご案内のとおり、ＵＲＬをクリックすると別のサイトに飛ぶという機能ですが、このリンクの著作権法上の扱いについては、かねてから議論があります。

まず、単に第三者のサイトにリンクを貼る行為自体は通常著作権法上の問題は生じません（「**無断リンク禁止**」と記載されたサイトを見かけますが、法的な効果は甚だ疑問です）。著作権法上深刻な問題となっているのは、著作権侵害サイトにリンクを貼ることであり、具体的には、「**リーチサイト**」と呼ばれる、違法にアップロードされた漫画やテレビ番組、音楽ファイル、ゲームファイル等へのリンク集への対応に関して、文化庁の審議会等で議論がされています。

漫画等を著作権者の許諾なくインターネット上にアップロードすることはもちろん著作権侵害（公衆送信権侵害）に当たりますが、そのＵＲＬをリンクという形で他人に教える行為自体は、著作物の複製や公衆送信を伴うわけではありませんので、現行法上は著作権の直接の侵害には当たりません。しかし、インターネット上の違法コンテンツへのアクセスの多くは、リーチサイトを経由して行われているという実態にあり、また、運営者が多くの広告収入を得ているリーチサイトも少なくありません。つまり、リーチサイトが著作権者に与える経済的ダメージは計り知れないものがあり、このまま野放し続けてよいかという深刻な問題があるわけです。ちなみに、**リーチサイトの「リーチ」とは、「到達する（reach）」ではなく、「蛭《ひる》（leech）」を意味します。**蛭が人の血液を吸うように、リーチサイトは権利者の経済的利益を吸うといったイメージでしょうか。

リーチサイトは、リンクを貼ること自体は著作権の侵害には当たらないことから、現状摘発は難しいとされており、抜本的な解決を図るためには、たとえば、違法コンテンツにリンクを貼ることは著作権侵害とみなすといった法律改正をする他ありません。しかしながら、違法コンテンツにリンクを貼ること全般を規制の対象とすることは、我々がブログやSNSで何気なくリンクを貼ることも違法になりかねませんので、真に悪質なものだけを規制対象にしなければなりません。しかしながら、「真に悪質なもの」を法律上どのように定義するのか、適法と違法との境界線はどのように定めるのかという非常に難しい問題が立ちはだかります。この他、リーチサイトへのアクセス自体を強制的に遮断する「**サイトブロッキング**」という方法も検討されており、議論の動向を注視する必要があります。

●口述権（24条）、展示権（25条）

「**口述権**」は、**無断で小説や詩などの言語の著作物を公衆に直接聞かせるために口述（朗読）されない権利**です。俳優や声優がお客さんを集めて有料朗読会をする場合などに関係します。上演や演奏と同じく、朗読ＣＤを流すことも「口述」に含まれます。

「**展示権**」は**美術作品や写真作品を公衆に直接見せるために展示されない権利**ですが、対象となる著作物は美術の著作物のオリジナル作品と未発表の写真の著作物に限られるとされているため、権利の対象・範囲が他の支分権と比べて非常に狭いという特色があります。

たとえば、ある楽曲の作曲家が書いたオリジナルの楽譜は、通常は美術の著作物ではなく楽曲の著作物であると考えられるため、展示権の対象ではありません。また、名画を印刷したポスターを展示会で展示することも、ポスターは美術の著作物ではありますが、オリジナル作品ではなく複製物であるため、やはり展示権の対象ではありません。

このほか、権利制限規定（↓154ページ〜）として、作品の所有者は、著作権者に無断で美術館等に室内展示してもよいという大きな例外もあります（45条）。この例外によって、美術館が美術展である絵画を展示する場合、こと展示に限って言えば、その絵画の所有者から展示の許可を得さえすれば（展示のために作品を借り受けさえすれば）、加えて著作権者の許可を得る必要はありません。

●頒布権（26条）、譲渡権（26条の2）、貸与権（26条の3）

これら三つの権利はいずれも重要であり、かつ、我々の日常生活や業務にも密接に関係するのですが、正確に説明しようとすると相当字数を食い、また複雑でかえって混乱してしまう可能性が高いため、本書では敢えて多少の不正確は承知の上でざっくりと説明するに留めます。

一言で言えば、著作物の原作品や複製物を**無断で公衆相手に売ったりあげたりされない権利**が「**譲渡権**」、**無断で公衆相手にレンタルされない権利**が「**貸与権**」です。海賊版ＣＤを著作権者に無断で売りさばけば、譲渡権の侵害になります。なお、一度著作権者の許可を受けて適法に譲渡が行われた場合、以後譲渡権は働かないことになっています（聞き慣れない言葉ですが、「**消尽**《しょうじん》」と言います。「**ファースト・セール**」と呼ぶ場合もありますので、横文字好きな方は、こちらで覚えていただいても構いません）。

そのため、中古ＣＤ屋さんが中古ＣＤを販売したり、ネットオークションやメルカリ等で自分が購入したＣＤを売ったりする場合、正規に市場で流通していたＣＤを取り扱う限りにおいては、ＪＡＳＲＡＣ等から譲渡の許諾を得る必要はありません。この消尽（ファースト・セール）の制度が日本の著作権法に導入された頃は、消費者が、買ったＣＤや書籍をすぐに中古市場に売ってしまうという事態は想定されていなかったように思えます。しかしながら、近時は、売れ筋の発売直後のＣＤや書籍等を中古品として売買するブックオフをはじめとする、いわゆる**新古書店**や、一般消費者が聴かなくなったＣＤや本を手軽に不特定の第三者に売却できるヤフオクやメルカリといったサービスが広く普及しており、導入時とは社会状況が大きく異なっていると感じます。そしてこうした状況は、**シェアリング・エコノミー**の流れで、さらに加速していくことが予想されます。こうした流れが進むことにより、端的に言えば、新品市場から著作権者が受ける対価の額は減ることになるわけですので、中古市場から著作権者が全く対価の還元を受けられない消尽制度の是非については、今後議論になる可能性があるのではないでしょうか。
なお、譲渡権と貸与権は映画の著作物以外の著作物に認められている権利です。

続いて、「**頒布権**」は、映画の著作物だけに認められる権利で、**要は映画フィルムやDVD等を無断で売ったりあげたりレンタルされない権利**になります。とりあえず現時点では、譲渡権と貸与権とをミックスしたような権利が頒布権だと覚えれば十分です。

●二次的著作物創作権（翻案権）（27条）、二次的著作物の利用権（28条）

ある小説を英訳して出版するためには、小説の著作権者の許可が必要です。また、漫画をTVドラマ化する場合も同様で、漫画の著作権者に無断でドラマ化することは許されません。
たとえば、最近私が法律監修として関与したTVドラマとして、『スーパーサラリーマン左江内氏』（2017年、日本テレビ系列）という作品がありますが、このドラマは、藤子・F・不二雄さんの『中年スーパーマン左江内氏』（小学館）という漫画が原作となっていて、日テレはドラマ化に際して漫画の著作権者から許可を得ています（なお、藤子・F・不二雄さんは、TVドラマ『スーパーサラリーマン左江内氏』という映画の著作物における、**クラシ**

カル・オーサーということになり、ドラマの演出を手掛けた福田雄一さん等が**モダン・オーサー**ということになります↓74ページ〜）。

このように、既存の著作物に新たな創作性を加えて別の新たな著作物を創作する場合、既存の著作物を「**原著作物**」と言い、新たな著作物（上記例でいうと、小説の英訳版、漫画のTVドラマ版）のことを「**二次的著作物**」と言いますが、**無断で二次的著作物を創作されない権利**のことを「**二次的著作物創作権**」と言います（なお、実務上は、「**翻案権**」という呼び方の方が一般的ですので、本書でも以降、二次的著作物創作権のことを翻案権という呼び方をする場合があります）。

次に、ある漫画（原著作物）をTVドラマ化（映画化）するという場合、漫画の著作権者は、二次的著作物であるドラマ（映画の著作物）についても、漫画に対して持つのと同じ権利を持ちます。たとえば、ドラマをインターネット配信するという行為は、ドラマの著作権者（通常はテレビ局）の公衆送信権の対象となる行為ですが、ドラマの元になった漫画の著作権者（通常は漫画家）の公衆送信権の対象となる行為でもあります。したがって、このTVドラマをインターネット配信するためには、ドラマの著作権者であるテレビ局だけでなく、漫画の著作権を持つ漫画家からも許可を得なくてはなりません。

このように、自分が著作権を持つ著作物が元になって創作された二次的著作物について、無断で各種利用（本章で説明した各支分権の対象となる利用）をされない権利のことを、「**二次的著作物の利用権**」と言います。

まとめ

以上が、一般的な意味における著作権、すなわち「無断で○○されない権利」の内容です。著作権と一口でっても、実は沢山の権利（支分権）によって構成されていることがポイントです。そして、実際に裁判等で著作権侵害を主張する場合は、単にばくっと「著作権侵害」というのではなく、「○○権侵害」という形で、侵害された支分権をちゃんと特定する必要があります。たとえば、この『はじめての著作権法』の海賊版が作成され、販売されたという場合は、海賊版の作成は複製権の侵害、販売は譲渡権の侵害に当たりますので、この二つの権利について侵害を主張することになるわけです。

第6章　著作財産権②

～どこまで似ているとアウト?～

前章は、著作財産権その1ということで、支分権すなわち「無断で○○されない権利」について、一応ざっくり一通りの説明をしました。

音楽CDや映画DVDの海賊版の販売やスキャンした漫画のインターネット配信といった著作権侵害事案では、通常対象となる著作物（音楽、映画、漫画）は元の状態のままです。しかし実際上は、そういった単純な事案ばかりではなく、「ある著作物によく似たもの」を作成したり流通させたりすることが著作権侵害に当たるかということが問題となるケースも少なくありません。世間でいわゆる「盗作」、「パクリ」と呼ばれるものもその一例です。

そこで今回は、支分権のうち複製権と二次的著作物創作権（翻案権）だけに絞って、「**どこまで似た作品だとアウト**（**著作権侵害**）**か**」という観点から色々と実例を見ていきたいと思います。

複製権と翻案権の違い

前章では、複製権について、「**ある絵画の『盗作』『パクリ』の類も、度を越してよく似た作品で、そこに新たな創作性が何ら加わっていないような場合は、そうした作品を描いたり印刷したりすることは元の作品の『複製』に該当します**」と説明しました（↓99ページ）。

そして、二次的著作物創作権（翻案権）については、「**既存の著作物に新たな創作性を加えた別の著作物のことを「二次的著作物」といい、無断で二次的著作物を創作されない権利のことを『二次的著作物創作権』（翻案権）という**」と説明しました（→１１３ページ～）。

多少乱暴に言えば、ある作品を著作権者に無断で真似しましたという場合、その作品に何ら新たな創作性を加えないで真似する場合が複製権侵害、多少なりとも新たな創作性を加えつつ真似する場合が翻案権侵害、と理解すればよいでしょう。なお、元の作品の表現的な特徴部分が全く残っていない作品を創作する場合は、たとえ元の作品のアイディアを拝借するものであったとしても、元の作品の複製権侵害にも翻案権侵害にも当たりませんので、元の作品の著作権者に無断でこのような作品を創作することは何ら問題ありません。

ただ、法的には上記のような説明ができるとしても、著作権法には、「〇％以上似ている場合はアウト」といった風に、これらを区別する客観的な基準は何も書いてありませんので、実際問題としては、判断が非常に困難な場合も少なくありません。ただ、複製権侵害にせよ、翻案権侵害にせよ、どちらも著作権侵害という意味では一緒であり、その効果も変わりません。そこで本章では、思い切って、「どこまで似てしまうと著作権侵害と判断されてしまうのか」、あるいは「どこまで似ていると裁判に巻き込まれてしまうのか」というイメージを摑んでいただくことに主眼を置くこととし、複製権侵害と翻案権侵害とを区別することなく、アウト（侵害）かセーフ（非侵害）かという結論だけに絞って、スペースの許す限り具体例をなるべく沢山見ていこうと思います。

依拠性　～たまたま似てしまった場合はＯＫ～

アウト／セーフの具体例を紹介する前に、一つ覚えておいていただきたいことがあります。それは、複製権侵害にせよ、翻案権侵害にせよ、**元の作品のことを知った上でそれと似た作品を作る（元の作品を利用する）ことが著作権侵害の要件である**ということです（これを「**依拠性**」と言います）。

依拠性が侵害の要件とされるのは、第3章で説明したとおり、著作権は著作物を創作した瞬間に自動的に発生するため（↓61ページ）、誰がどんな著作物を創作して著作権を持っているなんてことは逐一調べようがないからです。逆に、特許権の場合は、登録が要件となっているため、誰がどんな発明について特許権を持っているかは、全てデータベースで公開されており、調べれば分かる以上、依拠性は侵害の要件とされていません。つまり、企業が何か新製品を開発する際は、その製品に使おうとしている技術が他人の特許権を侵害していないか予め調査することができますので、偶然ですなんて言い訳は基本的に通用しません。

なお、著作権の場合は、依拠性が侵害の要件とされますが、特に有名な著作物の場合は、事実上依拠性が推認されることとなり、その結果として、通常は「知りませんでした（＝依拠性はありません）」という言い訳は通用しません。たとえば、私が「ぐんまちゃん」のイラストに瓜二つの「群馬君」というパクリイラストを使って群馬グッズを売りさばき、群馬県から著作権侵害に基づき訴えられたとして、私が「私は、ぐんまちゃんとやらがブレークするはるか昔に上京し、以後東京都民として過ごしていますので、ぐんまちゃんなんてキャラクターは存じ上げません。たまたま似ただけです」などと言い訳しようとも、裁判官からは、「嘘つけこの野郎。ぐんまちゃんはゆるキャラグランプリ取ってるし、銀座にぐんまちゃん家もあるんだから知らないわけないだろ!!」と思われるのがオチです。

COLUMN 「銀河鉄道999」事件

ここまでの復習をかねて、私がかつて担当した思い出深い事件を一つご紹介します。

当時ワイドショーでも盛んに取り上げられたので記憶にある方もいるかもしれませんが、漫画家の松本零士さんとシンガーソングライターの槇原敬之さんとの間で沸き起こった騒動です。この事件は、槇原さんが作詞作曲をしてケミストリーという男性2人組のデュオに提供した『約束の場所』という楽曲（当時、長澤まさみさんが出演していたクノールカップスープのCMで使われていました）のサビ部分の歌詞が、松本さんが『銀河鉄道999』などで使用していた文章に酷似しているということで、松本さんがテレビのワイドショーで盗作だという趣旨の主張をし、こうした松本さんの言動に対して槇原さんが名誉棄損であるとして損害賠償請求をするとともに、著作権侵害には当たらないことの確認を求めたという事件です。私はこの事件に松本さん側の代理人弁護士として関与し、ワイドショーのレポーターに取り囲まれたり、槇原さんを証人尋問したりといった、得がたき貴重な体験をしました。

問題となった松本さんが書いた文章は、「**時間は夢を裏切らない　夢も時間を裏切ってはならない**」、対する槇原さんが書いた歌詞はと言えば、「**夢は時間を裏切らない　時間も夢を決して裏切らない**」。似てると言えばよく似ています。

この事件、色々と争点があったのですが、こと著作権侵害に当たるか否かという意味では、①松本さんの文章は、著作物と言えるか（＝**著作物性**）、②槇原さんの歌詞は松本さんの文章の複製又は翻案と言える程度に類似しているのか（＝**類似性**）、③槇原さんは松本さんの文章のことを知った上で歌詞を書いたのか（＝**依拠性**）、という三つが主要な争点となりました。

槇原さんの歌詞が松本さんの文章の著作権侵害であると言えるためには、松本さんは、①②③のいずれについてもクリアをする必要がありますが、東京地方裁判所は、①②についいては明確な判断を示さず、③について依拠は認められない、つまりは槇原さんが松本さんの文章とは無関係に独自に創作した歌詞であると判断し、ワイドショーにおける一部発言を名誉棄損であると認めました。なお、その後、知的財産高等裁判所において和解が成立しています。

具体例で実務感覚を掴む

さて、イントロはこの程度にして、ジャンル別に裁判例をランダムに紹介したいと思います。なるべく多くの事例を紹介したいので、余計な説明は抜きで、とにかく結論だけ一気に見ていきます（決して手抜きではありません！）。裁判所と裁判年月日を載せておきましたので、詳しい理由づけ等を知りたい方は、裁判所ウェブサイト（※）で検索をしてみてください。以下、「＝」は裁判所が著作権侵害であると判断したということ、「≠」は侵害ではないと判断したことを意味します。

※　裁判所ウェブサイト　http://www.courts.go.jp/app/hanrei_jp/search7

●文章

「みなさすがに不安と疲労の色濃く、敗残兵のようにバスから降り立った。」＝「不安と疲労のために、家族たちは〝敗残兵〟のようにバスから降り立った。」

（知財高判平成25・9・30）

「正造が結婚したのは、最初から孝子というより富士屋ホテルだったのかもしれない。」≠「彼は、富士屋ホテルと結婚したようなものだったのかもしれない。」

（知財高判平成22・7・14）

●イラスト、写真等

▲東京地判平成15.11.12

▲東京地判平成4.11.25

◀大阪地判
平成11.7.8

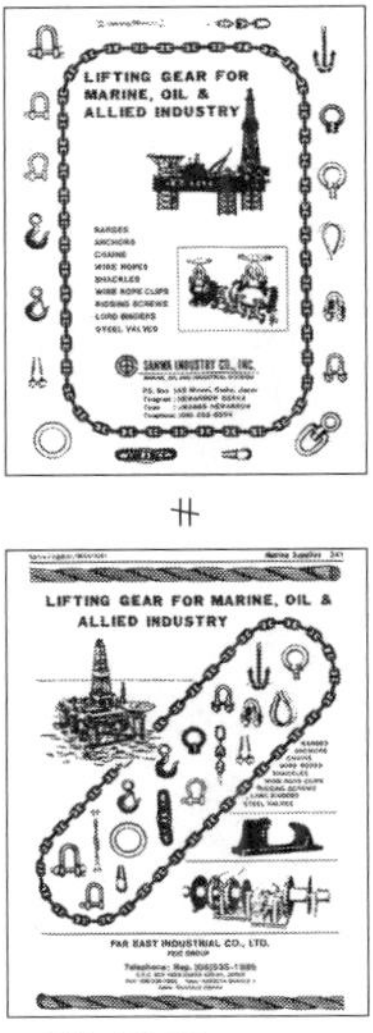

▲大阪地判昭和60.3.29

◀東京高判
平成13.1.23

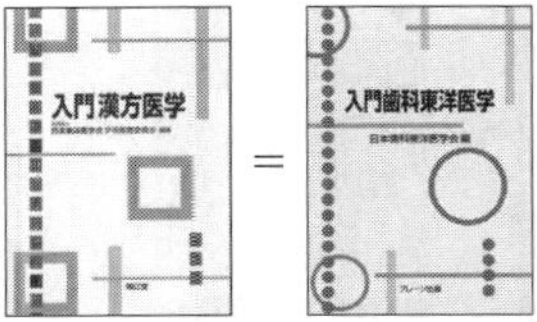

◀東京地判
平成22.7.8

◀知財高判
平成27.2.25

問11、ルービックもどき

図は、白い立方体をつくえの上に27こすきまなく積み上げたところだ。

これに、黒いスプレーをあらゆる方向から（スプレー以外のものは動かさずに）吹きつけた。そうすると、黒くなる面と白いままで残《のこ》る面があるね。

では、6つの面全部が白いままで残《のこ》るという立方体は何こあるかな。

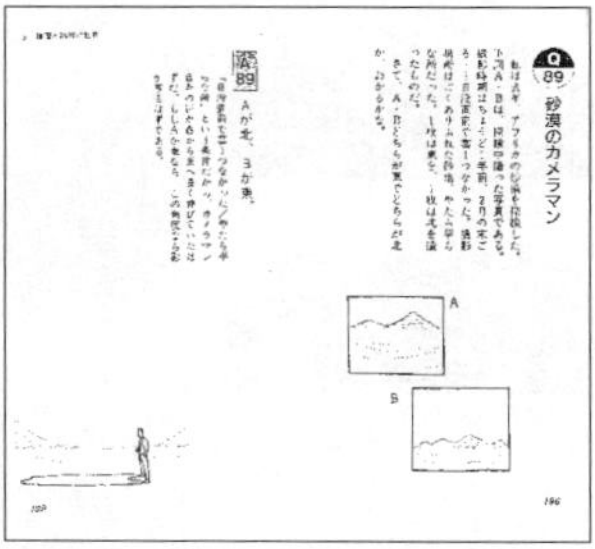
Q 89 砂漠のカメラマン

A 89 Aが北、Bが東。

≠

||

≠

問題33

図のように36個の白い立方体がテーブルの上にすき間なく積んであります。このままの状態で黒のスプレーインクをあらゆる方向から吹きつけた場合、6つの面がすべて白いまま残ってしまう立方体はいくつあるでしょうか？

東京地判平成20.1.31

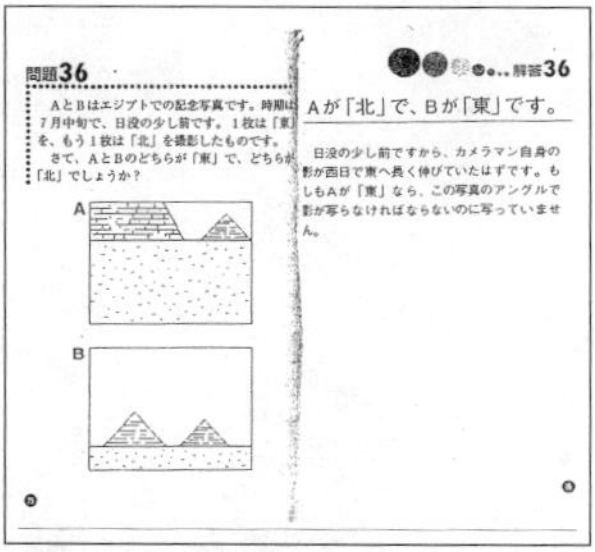
問題36

AとBはエジプトでの記念写真です。時期は7月中旬で、日没の少し前です。1枚は「東」を、もう1枚は「北」を撮影したものです。

さて、AとBのどちらが「東」で、どちらが「北」でしょうか？

解答36

Aが「北」で、Bが「東」です。

日没の少し前ですから、カメラマン自身の影が西日で東へ長く伸びていたはずです。もしAが「東」なら、この写真のアングルで影が写らなければならないのに写っていません。

大阪地判
平成21.3.26

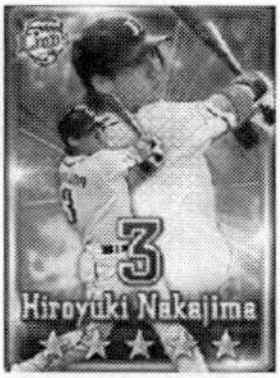

=

≠

≠

知財高判
平成27.6.24

東京地判平成20.7.4

知財高判平成23.5.10

東京高判
平成13.6.21

写真とそれを元に描かれた水彩画
東京地判平成20.3.13

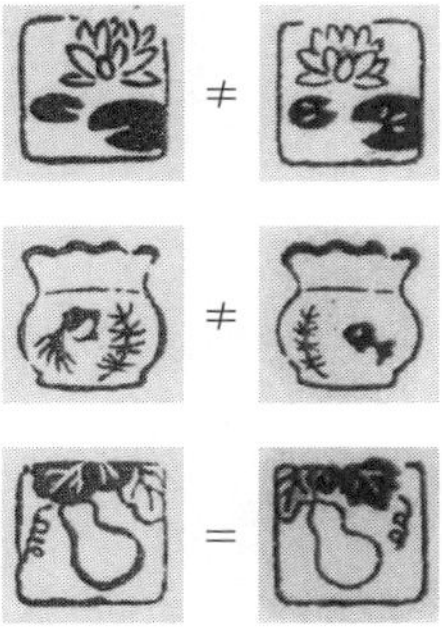

東京地判平成26.10.30

大阪地判平成27.9.10

●ソフトウェアの出力画面

◀東京地判平成14.9.5

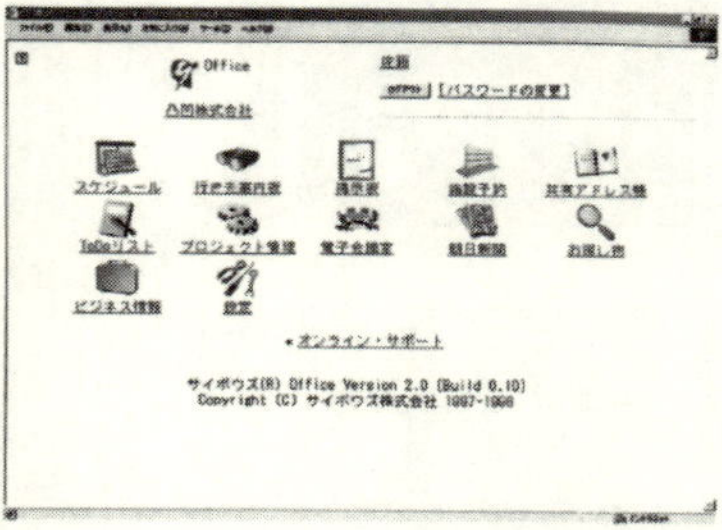

≠

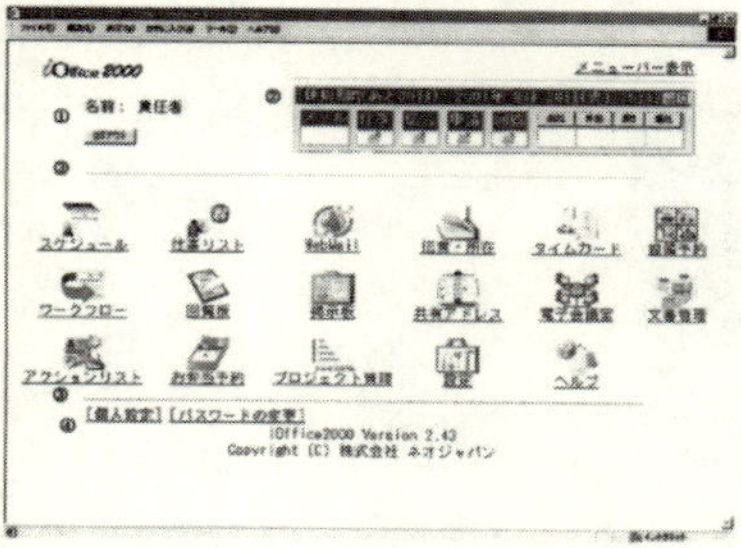

●家具

知財高判▶
平成27.4.14

≠

本当はもっともっと紹介したいのですが、紙幅の都合上、この程度にしておきましょう。なかなか著作権侵害か否か微妙で、その判断はなかなか難しいということがなんとなくお分かりになったのではないかと思います。

アイディアが共通しているだけでは著作権侵害にはならない

さて、第2章で、著作物は「表現したもの」でなければならないということの帰結として、著作物として保護されるのは、あくまで文章やイラスト等といった具体的な「表現」それ自体であって、アイディア等が共通しているだけで具体的な表現レベルにおいて共通していない場合は、著作権の侵害には当たらないと説明しました（↓33ページ～）。

たとえば、第4章でさりげなく宣伝をしたとおり、私は、かつて『群馬あるある』（TOブックス、２０１４年）という本を出版したことがあります。これは要するに群馬県のあるあるネタを沢山集めたという本で、群馬ではそこそこ売れたのですが、同じコンセプトの優れた作品として、『群馬のおきて』（泰文堂、２０１３年）という本が先行して出版されていましたし、ドラマ化や、まさかの映画化までされてしまった井田ヒロト『お前はまだグンマを知らない』（新潮社）という漫画作品もありました。ここで、『群馬あるある』が『群馬のおきて』等の著作権侵害（複製権侵害又は翻案権侵害）なのかというと、そんなことはなく、それはなぜかと言えば、「群馬のあるあるネタを集める」という抽象的なアイディアは共通するものの、文章やイラストといった具体的な表現は全く共通していないからです（なお、一応アピールしておくと、『群馬あるある』では、上毛かるた風にあるあるネタを紹介するという、『群馬のおきて』等には無い特色があります。ちなみに、「上毛かるた」とは、群馬県民なら誰でも知っている、群馬県を題材にしたカルタです）。出版社の思惑として、当時の群馬ブーム（?）に便乗しようという気持ちは当然あったと思いますし、私も当然そこは意識していましたが、そのことと著作権侵害かは全くの別問題であり、便乗企画自体は通常は著作権侵害でもなんでもありません。

先に見た裁判例でも、たとえば、けろけろけろっぴの事件（↓123ページ）などは、両作品で共通しているのは、「カエルを擬人化する」というアイディアに過ぎず、具体的な表現レベルでは共通していないので著作権の侵害には当たらない、という説明が可能です。

世間では、アイディアしか共通していない場合も含めて、あたかも著作権侵害であるかのように、「この作品はあの作品のパクリだ」なんて形で炎上することも少なくありませんが、是非冷静に判断をしていただきたいと思います。

まとめ

いかがでしたでしょうか。侵害／非侵害（似ている／似ていない）の判断はなかなか微妙で難しいということがお分かりいただけたのではないかと思います。実際にこうした判断に迫られる事態に直面した場合は、決して直感で判断するのではなく、ここで紹介した事例も含め、過去の裁判例に照らして冷静に判断をしていただきたいと思いますし、場合によっては、著作権に詳しい弁護士に相談することをおススメします。

本章で紹介できなかったジャンルの一つとして、「音楽」があります。音楽に関しては、小林亜星さん、服部克久さんという有名作曲家同士が争った「『記念樹』事件」という裁判が有名です。この事件は、服部さんが作曲した『記念樹』という曲（当時フジテレビ系列で放送されていた『あっぱれさんま大先生』というバラエティー番組の企画で作られた楽曲で、幼き頃の内山信二さんも生徒役で出演し、歌唱していました）が、小林亜星さんが作曲した『どこまでも行こう』の著作権を侵害するものであるとして小林さんが裁判を起こしたというものですが、東京高裁は平成14年9月6日に出した判決で、（キーを揃えた後の）**旋律の72％が一致する**などとして、著作権侵害（編曲権侵害）を認めています。また、米国の最近の事例ですが、Ｒｏｂｉｎ Ｔｈｉｃｋｅの大ヒット曲『Ｂｌｕｒｒｅｄ Ｌｉｎｅｓ』（アルバム

『Blurred Lines』収録）がMarvin Gayeの楽曲『GOT TO GIVE IT UP』（邦題：『黒い夜』。アルバム『Live at the London Palladium』等に収録）の侵害だとした評決や、Led Zeppelinの楽曲『Stairway to Heaven』（邦題：『天国への階段』。アルバム『Led Zeppelin Ⅳ』に収録）は、Spiritというバンドの『Taurus』という楽曲の侵害ではないとした評決も、それぞれ大変興味深いです。音楽については、やはり実際に聴いてみないと何ともイメージが湧かないというところがありますので、ご興味を持たれた方は、ググって聴き比べてみていただければと思いますし、『Taurus』以外は著名なアルバムに収録されており、入手も容易ですので、よろしければお買い求めください（いずれも名盤です！）。

なお、本章で紹介した事例は、いずれも裁判沙汰になっていますので、非侵害とされた事案に関しては、「著作権侵害ではないものの、この程度似ていれば訴えられてしまう（裁判に巻き込まれてしまう）」という見方もできます。一方で、近時の傾向として、「著作権侵害ではないと考えられるし、実際裁判が起こされているわけでもないのに、ネット上で（さも著作権侵害かのように）炎上しまう」というものが挙げられます。127ページで説明した

「アイディアが共通するに過ぎないケース」がその典型と言えましょう。

COLUMN　五輪エンブレム問題から見る法律と現実のギャップ

２０２０年に開催される東京オリンピックの公式エンブレムとして当初採用された佐野研二郎さんデザインのエンブレム（左）が、ベルギーのリエージュ劇場のロゴ（右）に類似するとの指摘を受けたことをきっかけに巻き起こった一連の騒動については、記憶に新しいところかと思います。

劇場のロゴを考案したデザイナーは、国際オリンピック委員会（ＩＯＣ）をベルギーで著作権侵害に基づき提訴するに至り、さらには佐野さんのこれまでの仕事についても様々な盗作疑惑が持ち上がり、最終的に佐野さんデザインのエンブレムは採用取り消しになりました。採用取り消しになったことを受け、ベルギーでの裁判は訴えの取り下げにより終了をしたようですが、仮に裁判が続いた場合は、どのような結論になったと考えられるでしょうか？　佐野さんデザインのエン

ブレムを利用することは果たしてベルギーの劇場ロゴの著作権を侵害するのでしょうか？

以下では、便宜上、日本の著作権法ではどうなるかを考えてみますが、考え方としては、先ほど見た「銀河鉄道999事件」（↓119ページ）と全く同様です。つまり、著作権侵害が成立するためには、①ベルギーの劇場ロゴは著作物と言えるか（＝**著作物性**）、②佐野さんデザインのエンブレムはベルギーの劇場ロゴの複製又は翻案と言える程度に類似しているのか（＝**類似性**）、③佐野さんはベルギーの劇場ロゴのことを知った上でエンブレムをデザインしたのか（＝**依拠性**）、という三つの要件を全てクリアする必要があります。私は、いずれの要件も非常にハードルが高く、結論としてこの件では著作権侵害は成立しないと考えています。当時、色々な著作権業界関係者とこの問題について意見交換（というか飲みながらの雑談）をしましたが、ほとんど全ての人が結論において私と同じ意見でした。なお、私としては、①の要件からしてクリアできない、つまりベルギーの劇場ロゴは、そもそも著作物とは言えないのではないかと考えていますが、この点については異論もあるかとは思います。

いずれにせよ、結論的にシロであるというのが著作権業界関係者のほぼ一致した意見であったわけですが、インターネット上の論調はどうかと言えば、むしろクロ、つまり著作権侵害だというものが多かったように思われ、法的な評価と世間の評価とのギャップには驚かされました。

このように、**著作権侵害ではないにもかかわらず、あたかも著作権侵害かのような形で世の中的に〝炎上〟してしまうことは、本来法律が予定している範囲を超えた制約が事実上働くという意味において、決して望ましいことではありません。**こうした法律と現実のギャップの原因の一つとしては、著作権に対する基本的な知識が国民に十分浸透していないことにあるように思えてなりません。

第7章

著作隣接権、出版権

～著作者以外の権利も忘れずに！～

前章までは、「著作物」を創作した「著作者」の権利である「著作権」について説明をしてきました。しかし、著作権法が定めているのは著作者の権利だけではありません。

「着メロ」と「着うた」の違い

突然ですが、みなさんは「**着メロ**」と「**着うた**」という言葉をご存じでしょうか？　1990年代後半からの携帯電話ユーザーなら当然知っていると思いますが、若い人は知らない人も多いかもしれません。

「着メロ」とは、携帯電話の着信音をメロディーにする機能で、ヒット曲の着信メロディーのデータを配信するサービスは、携帯電話の普及とともに、2000年前後に大きなブームとなりました。

一方の「着うた」は、「着メロ」と同じく、携帯電話の着信音に関する機能・サービスですが、メロディー（旋律）のデータだけが着信音として使用できる着メロとは異なり、実際にCDに収録されている音を着信音として使用できるというもので（要するに、着メロの方がチープな音だということが言えます）、通信速度の向上等を背景に、2004年頃から「着メロ」と入れ替わる形で市場を急激に拡大していきます（その後、スマホの普及に伴い、本格的に音楽配信ビジネスが盛んになり、現在に至ります）。「歌」部分も着信音として使用できることから、「着うた」というネーミングなのでしょう。ちなみに、「着メロ」も「着うた」も登録商標であり、「着うた」に関しては、東京都主税局が２０１０年にオークションにかけ、ゲーム会社が約２５００万円で落札したことが一部で話題になりました。そして、「着メロ」は、ソニー・ミュージック・エンタテインメントが商標権を保有しています（本書執筆時）。

商標権のことはさておき、ここからが本題になりますが、あるヒット曲を「着メロ」として配信する場合、その曲（メロディー）の著作権者に無断で配信すると、曲の著作権侵害になります。着メロはメロディーだけの配信ですので、ここで問題になるのは、「曲の著作権」であり、もう少し細かくいうと、「曲の複製権（配信用メロディーデータの作成）」と「公衆送信権（メロディーデータの配信）」です。

それでは次に、あるヒット曲を「着うた」として配信する場合はどうかというと、事態は一気に複雑化します。着うたは、上記のとおり、ＣＤに収録されている音を着信音として配信するものですが、配信の対象は、①曲（メロディー）、②歌詞、③ミュージシャンによる演奏や歌唱、④演奏や歌唱を録音した音（＝ＣＤに収録されている音）に分けることができます。ここで、①や②は著作物ですが、③は①や②をパフォーマンスしたもの、④は③を録音したものであり、それぞれ著作物ではありません。しかしながら、著作権法は、③や④にも、「**著作隣接権**《ちょさくりんせつけん》」という著作権に似た権利を認めており、そのため、著作権者はもちろんのこと、著作隣接権者にも無断で着うたを配信することはできません。

このように、**着メロと着うたは、一見よく似たサービスではあるものの、著作権法的な観点から見ると、関係する権利の数（種類）が全く異なります**。言い換えれば、着メロに比べて着うたは、許可を得なければならない権利者が多くおり、その分必要な手続きが多く大変だというわけです。実際、着うたの普及が遅れた原因として、通信速度や端末の記録領域の問題とともに、権利関係の複雑さも指摘されていたところです。

今回は著作隣接権についてざっくり説明した後、出版権という権利についても簡単に触れます。なお、著作隣接権はかなり複雑で理解が難しいため、超入門書という本書の性質上、詳しい説明は省略し、かなり大雑把な説明に終始しますこと、予めお断りしておきます。

著作隣接権は全部で４種類

著作権法上、著作隣接権は、①**実演家**、②**レコード製作者**、③**放送事業者**、④**有線放送事**

業者の権利として規定されています。

このうち、①の実演家は、ミュージシャンや歌手、指揮者、俳優、声優、ダンサー、曲芸師といったいわゆる「**パフォーマー**」のことを指します。プロアマ問いませんので、あなたがカラオケやお風呂で自慢の喉を披露すれば、それだけであなたも立派な実演家です。

②のレコード製作者は、ある音を最初に録音した者を指し、ＣＤの**マスター音源**を作成したレコード会社が典型ですが、こちらも特に資格の限定はありませんので、たとえば私が雨音をスマホで録音すれば、その録音に関するレコード製作者は私です。もし私の隣で別の誰かが同じ雨音をＩＣレコーダーで録音していれば、そのＩＣレコーダーでの録音に関するレコード製作者はその別の誰かということになります。なお、その音が固定（＝録音）された媒体のこと（上記雨音の例で言えばスマホやＩＣレコーダーのこと）を著作権法上は「**レコード**」と言います。日常用語でレコードというと、最近再び人気を盛り返しているアナログレコード（アナログ盤、ドーナツ盤、ＬＰ盤・ＥＰ盤等）をイメージされる人も多いかと思いますが、著作権法上レコードといった場合は、上記のとおり「音」が固定された媒体をいい、いわゆるアナログレコードだけでなく、音楽ＣＤやカセットテープ、さらにはＩＣレコーダーやオルゴール等を広く含む意味になりますのでご注意ください。なお、レコードのうち、タ

ワレコやアマゾンなどで販売されている市販の音楽CDのように、市販の目的で製作されるものを、著作権法上は特に「**商業用レコード**」と呼びます。

③の放送事業者は、放送を反復継続して行う者を指し、**TV局**や**ラジオ局**などがこれに当たります。

最後に、④の有線放送事業者は、有線放送を反復継続して行う者を指し、**CATV局**や有線放送音楽事業者などがこれに当たります。

そして、①～④の権利は、いずれも、実演（パフォーマンス）や音の固定（録音）、放送、有線放送といった行為を行えば自動的に取得できます。著作権と同様に（↓61ページ）、登録等の手続きは不要です。

著作隣接権を保護する理由

著作権法は、これらの者に対して著作隣接権という著作権に類似した権利を与えているのですが、その理由としては、これらの者は**著作物を公衆に伝えるのに重要な役割を担っているから**であるといった説明がされることがあります。

これは、作曲家が折角素敵な楽曲を創作しても、それを優れたミュージシャンが演奏し、優れたエンジニアが録音したＣＤという商品が流通することによって初めてその魅力が伝わるのだから、演奏者や録音者にも何らかの法的保護（権利）を与えるべきであるということでしょう。また、同じ楽曲でも演奏技術や録音技術によってその印象は大きく変わるという意味で、著作物の**創作に準じた行為を行っているから**であるといった説明がされることもあります。その他、マスター音源を作成したり、コンテンツを放送したりするには、それ相応のコストがかかるため、**コストを負担した者に権利を与えて法的に保護すべきである**といった説明も可能かもしれません。

私は以前、縁あって東京・乃木坂にあるソニーミュージックのスタジオを見学させていただいたことがあるのですが、音楽を良い音で録音するための関係者の情熱や様々な技術、知恵等が痛いほど伝わり、感動の連続でした。そして、レコード製作者の権利を著作隣接権として保護する必要性を肌で実感できた気がします。スタジオのコントロールルームでスティングの『Ｅｎｇｌｉｓｈｍａｎ ｉｎ ＮｅｗＹｏｒｋ』を大音量で聴いたときの感動は、おそらく一生忘れることはないでしょう。

ちょっと話が脱線してしまいましたが、理由はどうあれ、**著作権法は、①実演家、②レコー**

ド製作者、③放送事業者、④有線放送事業者の権利だけを著作隣接権として保護しているというのが、本章における最初の重要ポイントです。

たとえば、出版社は、小説や漫画等の著作物を相応のコストをかけて書籍という商品にして世の中に流通させ、読者の元にこれを届けており、さらには、同じ書籍でもページ割や装丁等によって印象は大きく変わるとも言えます。そして、小説家が素晴らしい小説を創作しても、通常は担当編集者をはじめとした担当スタッフの支えなくして世の中には広く流通しないわけなので、その意味で出版社にも著作隣接権が与えられてもよいとも思うのですが、現在の著作権法上は与えられていません。また、ニコニコ生放送やabemaTVなど、最近はテレビ放送に代わる役割を果たしつつあるインターネット放送ですが、インターネット放送を行う配信事業者にも現在の著作権法上、著作隣接権は与えられていません。

著作隣接権の内容

続いて、著作隣接権の中身について見ていきます。本書冒頭で述べたとおり、著作隣接権は非常に複雑で理解が難しく、ガッツリ説明するとかえって頭の中がこんがらがってしまうこと請け合いですので、本書では、極力単純化してざっくり説明するに留めます。

実演家の著作隣接権

まず、実演家だけは、人格権（**実演家人格権**）として、**氏名表示権**、**同一性保持権**が認められており（90条の2、90条の3。なお、実演家には公表権は認められていません）、権利の内容も、著作者人格権のそれ（↓78ページ～）と似ています。ただ、実演家の同一性保持権は、あくまで個々のパフォーマンスを改変されない権利ですので、CD音源に収録されたある歌手の波形を無断でいじって酷く音痴に編集したりすれば、実演家（歌手）の同一性保持権の侵害に当たりますが、物まね芸人が大袈裟にある歌手の歌まねをする行為は、実演家（物まねされた歌手）の同一性保持権の侵害には当たりません。また、著作者の同一性保持権は、著作者の「意に反する」改変全般が対象となるのに対し、実演家の同一性保持権は、実演家の「名誉又は声望を害する」改変（要は酷い改変）だけが対象であるという違いもあります。

なお、著作者人格権と同様に、実演家人格権も第三者に譲渡することはできません（一方、以下に見るこれ以外の著作隣接権は、著作財産権と同様に第三者への譲渡が可能です）。

次に、「無断で○○されない権利」として、無断で実演を録音・録画されたり（**録音権・録画権**。91条）、放送・有線放送されたり（**放送権・有線放送権**。92条）、インターネット上にアップロードされたり（**送信可能化権**。92条の2）、実演が録音された商業用レコード（音楽CD等）を公衆に譲渡されたり（**譲渡権**。95条の2）、レンタルされたり（**貸与権**。95条の3）しない権利が認められています。これらの権利には色々例外があって、一言で言えば非常にややこしいです。

たとえば、**一度実演を映画の著作物に録音・録画することを許諾した場合、その実演については以後、これらの権利は基本的に行使できません**。したがって、ある俳優の演技を劇場用映画のために録音・録画すること（要は撮影に応じること）をその演技の著作隣接権者（実演家である俳優自身か、俳優から権利の譲渡を受ける所属事務所等）がOKした場合、後でその映画をDVD／ブルーレイ化したり、テレビ放送したり、あるいはインターネット配信したりする際には、実演家の著作隣接権は及ばないことになります。ノーと言える機会（チャンス）は最初の撮影のときだけだという意味で、「**ワンチャンス主義**」なんて言います。

また、さらに複雑なことに、こうした「無断で○○されない権利」の他に、「**（無断利用に対してノーとは言えないものの）利用された場合に対価の支払いを請求できる権利**」がいくつか認められています。こうした権利のことを「**報酬請求権**」といい、たとえば自分の演奏が収録された市販の音楽CD等（商業用レコード）が放送利用された場合に権利者団体を通じて使用料を請求できる権利などが認められています。なお、貸与権は、音楽ＣＤ等の発売後最初の1年間だけが無断でレンタルされない権利で、その後は報酬請求権になるという変則的な仕組みになっており、複雑さに拍車をかけています。

……う～ん、できるだけ簡単に説明しようと努力してみたものの、それでもやっぱり相当複雑ですね。申し訳ありません。

ちなみに、厳密に言うと、報酬請求権は、著作権法上は、著作隣接権とは別の種類の権利として位置づけられているものですが、とりあえずは無視して大丈夫です。

レコード製作者の著作隣接権（いわゆる「原盤権」）

ある音を最初に録音した者であるレコード製作者には、無断でレコード（上記のとおり、音を固定した媒体のことを言いますが、そこに録音されている「音」自体のことだと考えた方が多少は分かりやすいかと思います）を複製されたり（**複製権**。96条）、インターネット上にアップロードされたり（**送信可能化権**。96条の2）、複製物を公衆に譲渡されたり（**譲渡権**。97条の2）、そのレコードから作られた市販の音楽ＣＤ等（商業用レコード）をレンタルされたり（**貸与権**。97条の3）しない権利が認められています。

このうち貸与権は実演家のそれと同様に、CD等の発売後1年経過後は報酬請求権になるとされており、その他、報酬請求権として、市販の音楽CD等（商業用レコード）が放送・有線放送された場合に権利者団体を通じて使用料を請求できる権利が認められています（97条）。

たとえば、ある市販の音楽CDを誰からの許諾も得ずに無断でコピーして売りさばいたという場合、曲や詞の著作権（複製権、譲渡権）の侵害に該当することはもちろんのこと、実演家（歌手や演奏家）の著作隣接権（録音権、譲渡権）の侵害にも該当しますし、さらには、その音楽CDのマスター音源を最初に作成したレコード製作者（通常はレコード会社）の著作隣接権（複製権、譲渡権）の侵害に該当します。裏を返せば、ある音楽CDの複製物を適法に製造販売したいという場合には、これだけの権利者全てから許諾を得なければならないことになるわけです。

一方、たとえば、需要があるとはとても思えませんが、私が星野源さんの楽曲を弾き語りでカバーしてCD販売するといった場合のように、ある音楽CDに収録されている楽曲を、新たに演奏し、録音することによって別の音源を作成し、それをCDに焼いて売りさばくという場合であれば、既存の音源やそこに収録されている実演を利用するわけではありませんので、曲や詞の著作権のことだけを考えればよいということになります。

放送・有線放送事業者の著作隣接権

放送事業者には、放送された音や影像を無断で複製されたり（**複製権**。98条）、無断で放送を再放送、有線放送されたり（**再放送権・有線放送権**。99条）、インターネット上にアップロードされたり（**送信可能化権**。99条の２）、影像を拡大する装置を用いて公に伝達されたり（**（有線）テレビジョン放送の伝達権**。１００条）しない権利が認められており、有線放送事業者にも同種の権利が認められています（１００条の２～１００条の５）。

以上、相当ざっくりではありますが、一応一通り著作隣接権の説明をしました。冒頭の着うたの例もそうですが、著作隣接権は、インターネット配信に及ぶ権利であることもあって（送信可能化権）、インターネット上でコンテンツビジネスを展開する上で非常に深く関係する重要な権利と言えます。また、テレビ業界や映画業界、音楽業界といった業界では常に意識することが求められる権利です。特に**音楽や映像が絡む場合などは、著作権のことだけを考えていればよいという話ではなく、著作隣接権についてもしっかり気を配る必要がありま**

す。

出版権とは？

最後に、「**出版権**」という権利について簡単に説明してこの章を終わりにしたいと思います。先ほど、出版社には著作隣接権が認められていないということを書きましたが、出版社に関係する権利が何もないかというと、そういうわけではなく、著作権法上、「出版権」という、そのものズバリの名称の権利が存在します。

ただ、出版権と著作隣接権は色々な面で大きく異なります。まず、著作隣接権が実演等を行えば自動的に取得できるのに対し、出版権は、出版をすれば自動的に取得できる権利ではありません。**出版権は、小説家や漫画家といった著作権者と契約を結んで権利の設定を受けなければ取得できない**仕組みになっています（79条）。著作隣接権は、著作権とは全く別箇の権利であるのに対し、出版権は、あくまで著作権に付随した（著作権の下にぶら下がっている）権利にすぎないわけです。実務上は、小説家がある出版社から小説を出版するという場合、通常はその小説家と出版社とは**出版契約**を結び、これにより、出版社は出版権を取得し、これを行使することができるようになります。

次に、肝心の出版権の内容ですが、①紙媒体やＤＶＤ－ＲＯＭといったパッケージ媒体で流通させるために著作物を複製する権利、②著作物を電子出版としてインターネット配信する権利、に大きく二分されます（80条）。ある小説を例に考えると、ハードカバーや文庫等として出版する権利が①、電子書籍として配信する権利が②に当たります。辞書をＤＶＤ－ＲＯＭに収録して販売する権利は①です。もともとは①のみだったのですが、電子出版時代に適切に対応できるよう、平成26年の著作権法改正により、②も出版権の対象になりました（いわゆる「**電子出版権**」）。

著作権者から①や②について出版権の設定を受けることによって、これらに関する権利は、出版権の設定を受けた者（出版権者）のみが行使できることになり、著作権者であっても著作権を行使することができなくなります。つまり、小説家が出版社に出版権を設定した場合、それ以後は、小説家は、著作権者でありながら、自由に小説を出版することはできません。出版権を持つ出版社だけが、その小説を出版する権利を保有するわけです。その代わりといっては何ですが、出版権者は、出版権設定を受けた場合には、一定期間内に出版を行わなければならないという**出版義務**を負うことになっています（81条）。したがって、全く出版する気がないような場合には、出版権設定を受けることはできません。

近時、デジタル・ネット技術の発展におけるいわば負の側面として、インターネット上での海賊版の被害が大きな社会問題となっています。小説や漫画といった出版コンテンツも例外ではなく、たとえば「週刊少年ジャンプ」の誌面が、発売日前に心無い人によってインターネット上で公開されてしまうといった事件が後を絶ちません。そして、こういった違法サイトを閲覧する人が大勢いて、それによってアップロードした人は多額の広告収入を得るという構図になっています。いうまでもなく、こうした違法行為によって漫画家や出版社が被る経済的な被害は甚大であり、冗談抜きで出版業界や出版文化、漫画文化等を壊滅しかねない深刻な問題となっています。

違法アップローダーは、沢山の閲覧者がいるからこそ、危険を冒してまで、著作権侵害（複製権侵害、公衆送信権侵害）行為である違法アップロードを敢行するのであって、誰も相手にしなければ違法アップロードもきっと減るはずです。著作権法上、違法にアップロードされた著作物を閲覧するだけであれば、モラルの問題はあるものの、著作権侵害ではありません。しかしながら、何の気なしに行う違法コンテンツの閲覧、自分一人くらいなら別にいいだろうと思って行う違法コンテンツの閲覧、みんながやってるんだからいいだろうと思って行う違法コンテンツの閲覧、見るだけなら違法じゃないし、と思って行う違法コンテンツの閲覧、こうした行為が行われる限り、違法アップロードはおそらく永久に無くなりませんし、いずれ出版文化をも破壊してしまいます。一刻も早く読みたい、発売日より前に読みたい、漫画ファンのそうした欲求自体はよく理解できますが、そうした欲求を満たすために軽い気持ちで違法コンテンツを閲覧することが、巡り巡ってかえって愛する漫画の存亡を揺るがす事態を招きかねないわけですので、くれぐれも良識ある行動を心がけていただきたいと思います。

思わず熱く語ってしまいましたが、そんなインターネット内外の海賊版に対して、小説家や漫画家といった著作権者が個人で対応（削除請求等）するのは、色々な面で大変です。何より、そんなことに時間を取られたくない、創作に専念したいという思いもあるでしょう。出版権設定をすれば、出版権者（多くの場合は出版社）が著作権者本人に代わって海賊版対策を行えるというメリットもあります。

第8章　権利制限規定

～著作物等を無断で○○できる場合～

第5章、第6章で著作権（著作財産権）について説明をしましたが、著作権は、「無断で○○されない権利」ですので、たとえば複製権を例に挙げれば、ある著作物を著作権者に無断でコピーすれば、複製権侵害ということになります。あれ？　でもちょっと待ってください。我々は日常的にテレビ番組を録画しています。テレビ番組は立派な著作物ですが、録画予約する際に、「今晩10時からの『SMAP×SMAP』を録画してもよろしいでしょうか？というか、これから最終回まで毎回録画してもいいでしょうか？」なんて一々テレビ局に確認しませんよね？　つまり、著作権者（テレビ局等）に無断で著作物（テレビ番組）を複製（録画）してしまっているわけですが、これってもしかして複製権侵害なのでしょうか⁉︎また、TSUTAYAでCDを借りて、そのCDに収録されている楽曲データをパソコンやスマホにコピーしている人も多いと思いますが、もしやこれも立派な複製権侵害なのでしょうか⁉︎　テレビ番組にせよ、CDに収録されている楽曲にせよ、沢山の著作権者、著作隣接権者が関係するわけですが、全ての権利者から許可をもらわないと適法な複製はできないのでしょうか？

安心してください。もちろん答えはノーです。それはなぜかと言えば、先に見たような場合には無断で複製してもよいということを定めた例外規定が著作権法に存在するからです。

複製権以外も同様で、著作権法には、「無断で〇〇してもよい」ということを定めた例外規定が色々と存在します。こうした例外規定のことを、その分権利が制限されるという意味で、**「権利制限規定」**と言います。聞き慣れない用語ではありますが、これも一種の業界用語ですので覚えましょう。

今回と次回は、そんな権利制限規定についてざっくりと説明をします。

権利制限規定はとても沢山ある！

まず、権利制限規定がどれくらいあるかというところからお話をしますと、これがまた、かなり沢山あります。著作権法の条文番号でいうと、第30条から第49条にかけてずらずらと規定されています。ここは是非実際に条文を見ていただきたいのですが、30条や47条など、枝番（30条の〇、47条の〇）がある条文も存在し、初めて見た方は、「こんなに沢山あるのか!?」とびっくりするのではないでしょうか。とりあえず、２０１７年10月時点における権利制限規定の一覧は表２のとおりです（カッコ内は条文番号）。

表２　権利制限規定の一覧（2017年12月時点）

- 私的使用のための複製（30条）
- 付随対象著作物の利用（30条の2）
- 検討の過程における利用（30条の3）
- 技術の開発又は実用化のための試験の用に供するための利用（30条の4）
- 図書館等における複製（31条）
- 引用（32条）
- 教科用図書等への掲載（33条）
- 教科用拡大図書等の作成のための複製等（33条の2）
- 学校教育番組の放送等（34条）
- 学校その他の教育機関における複製等（35条）
- 試験問題としての複製等（36条）
- 視覚障害者等のための複製等（37条）
- 聴覚障害者のための複製等（37条の2）
- 営利を目的としない上演等（38条）
- 時事問題に関する論説の転載等（39条）
- 政治上の演説等の利用（40条）
- 時事の事件の報道のための利用（41条）
- 裁判手続等における複製（42条）
- 行政機関情報公開法等による開示のための利用（42条の2）
- 公文書管理法等による保存等のための利用（42条の3）
- 国立国会図書館法によるインターネット資料及びオンライン資料の収集のための複製（42条の4）
- 放送事業者等による一時的固定（44条）
- 美術の著作物等の原作品の所有者による展示（45条）
- 公開の美術の著作物等の利用（46条）
- 美術の著作物等の展示に伴う複製（47条）
- 美術の著作物等の譲渡等の申出に伴う複製等（47条の2）
- プログラムの著作物の複製物の所有者による複製等（47条の3）
- 保守、修理のための一時的複製（47条の4）
- 送信の障害の防止等のための複製（47条の5）
- 送信可能化された情報の送信元識別符号の検索等のための複製等（47条の6）
- 情報解析のための複製等（47条の7）
- 電子計算機における著作物の利用に伴う複製（47条の8）
- 情報通信技術を利用した情報提供の準備に必要な情報処理のための利用（47条の9）

このように、権利制限規定はまずもって非常に沢山あるのですが、それぞれの権利制限規定は、支分権について定めた条文（21条から28条）と比べると、かなり複雑で文字数も多く、一見して読みにくいものになっています。これは、それぞれの権利制限規定において、無断で著作物を利用してもよい要件等がこと細かく定められているからです。なお、その中には、「無断で○○してもよいが、著作権者にお金を支払わなければならない」（「**補償金制度**」と言います）というものもあって、かなり複雑な様相を呈しています。

そんなわけで、本書で全ての権利制限規定について網羅的に説明することは不可能であると合理的に判断し、潔く諦めることにしました（実際に条文をご覧いただければ、必ずやご理解いただけるものと確信します）。以下では、我々の生活に特に密接に関係するものだけをピックアップして簡単にご紹介するに留めます。

最も身近な権利制限規定　～私的使用複製～

我々の日常生活で最も身近な権利制限規定、それは条文上の並び順でも権利制限規定のトップバッターとして登場する**私的使用複製**（30条1項）です。

この章の冒頭で述べたテレビ番組の録画やＣＤのパソコンやスマホ等への取り込みをはじ

め、本や雑誌のコピー、あるいはウェブサイトのプリントアウトなどなど、これらは、いずれも複製権の対象である著作物（テレビ番組等）の「複製」に当たる行為ですが、「**個人的に又は家庭内その他これに準ずる限られた範囲において**」使用するためであれば（「**私的使用目的**」と言います）、著作権者に無断で複製をしてもよいとされています。

具体的にどこまでの範囲が「家庭内その他これに準ずる限られた範囲」に当たるのかという点については、明確な基準もなく、非常に難しい問題なのですが、ここでは深入りせずにとりあえず話を先に進めます。こうした私的使用目的の複製であれば、規模も小さいので著作権者に経済的な不利益を与えないだろうという理由から、このような権利制限規定が用意されています。ただ、この理由は、今の時代のように、高品質なデジタルコピーがカジュアルにじゃんじゃん作れてしまう世の中では、必ずしもそのまま当てはまるものではありません。そこで、以下の例外が定められています。

COLUMN 私的録音録画補償金制度

私的使用複製の例外について説明する前に、難しい言葉ですが、「**私的録音録画補償金制度**」という制度について少し説明します。著作権業界では、「**録録**《ろくろく》」と呼ばれる制度です。

この制度は、不正確を承知でざっくり言うと、私的使用目的での複製のうち、デジタル方式の機器や媒体を用いて著作物を録音や録画する者は、著作権者に対して金銭（補償金）を支払わなければならないという制度であり、著作権者に無断で複製してもよいが、お金を払う必要があるという意味で、私的使用複製の例外の一つです（30条2項）。そして、支払われた補償金は、最終的には権利者に分配されることになっています。

複製全般ではなく録音と録画に限定されているわけですが、これは、要は音楽や映画の複製が対象であるということを事実上意味します。次に、録音録画全般ではなく、デジタル方式の機器や媒体を用いたものに限定されていますが、今時、カセットテープへの録音といったアナログ方式の機器・媒体を用いた録音録画をする人はほとんどおらず、我々が日常生活で行う録音録画は基本的にデジタル方式の機器・媒体を用いたものであると言えます。

そうなると、我々は著作権者に対して補償金を支払わなければならないということになりそうです。ただ、そうは言っても、「**え？　補償金なんて払った記憶がないけど？**」という人がほとんどではないでしょうか？

そう思う理由は大きく二つあります。まず、本来は、録音録画をする都度、著作権者に補償金を支払うというのが筋ではありますが、そんなことを一々やることはおよそ現実的ではありませんので、**機器や媒体の販売価格に補償金額分を上乗せし、製品購入時にまとめて補償金を前もって支払うという形**がとられています。この方法によれば、録音録画をしてもしなくても、またどれだけ録音録画しても、補償金の額は変わらないということになりますし、知らないうちに支払っている人が多いということになるわけです（一応、全く私的録音録画をしなかったということを証明すれば、スズメの涙ほどの微々たる金額が払い戻されるという手続きは用意されています）。

もう一つの理由は、**私的録音録画制度自体が現在機能不全に陥っている**ということです。特に録画補償金については、補償金を請求する団体が解散を余儀なくされた結果、請求や権利者への分配が全く行われていません。また、著作権法上、デジタル方式の機器や媒体を用いた録音録画全般が補償金の支払い対象とされているわけではなく、政令（著作権法施行令）で指定した機器等を用いたものだけが対象とされているのですが、現在指定されている機器等の多くは時代遅れの機器等であり、**タブレット端末やパソコンをはじめとした我々が日常で録音録画に用いる多くの機器等は政令指定から漏れてお**

り、**補償金の対象となっていない**のです（その結果、ピーク時の２００１年には約40億円だった補償金総額は、２０１６年度は、約５３００万円にまで激減しています）。

新たな機器を指定するためには、政令を改正しなければなりませんが、政令の改正は、手続き上閣議決定が必要となり、閣議決定は全会一致が原則です。これは、要するに政令の改正に反対する省庁が一つでもあれば新たな機器の指定はできないことを意味します。そして、新たな機器を指定することについては、電気機器メーカーの意向を代弁する経済産業省が反対の立場を取っているため、権利者保護の観点から文化庁（文部科学省）が新たな機器を指定しようとしても、そうは問屋がおろさないのです。上記のとおり、指定された機器に関しては、補償金相当額を販売価格に上乗せすることになりますので、できるだけ安く売りたいメーカーとしては指定されては困るから反対をするわけです。

この問題を巡っては、私的録音録画に用いられているタブレット端末やパソコン等といった機器は、録音録画以外の用途も色々とあるため、補償金の対象とすべきではないという意見や、映画等は技術的にコピーを制限している以上、補償金の対象とすることは適当ではないといった意見など、様々な意見があります。

しかしながら、いかなる意味においても、機能不全となっている現行制度をそのまま放置しておくべきではなく、権利者への適切な対価の還元という観点から、一刻も早く機能を正常化させる必要がありますし、権利者、利用者の垣根を越えて互いに知恵を出し合わねばなりません。

例外その1：公衆の使用に供することを目的として設置されている自動複製機器

私的使用複製の例外に話を戻しましょう。

長々した見出しですみません。例外の一つ目として、誰でも使える機器を使ってコピーをすることは私的使用目的であってもアウトとされています。営利を目的として、そうした機器を複製に使用させることは刑罰の対象となっていることもあり、適当な例を挙げることができませんが、たとえばコンビニにCDをダビングする機器が設置されている場合に、それを使用してCDをコピーする行為は、仮に私的使用目的であったとしても権利制限の対象にはなりません。あれ？　でもコンビニにはCDのダビング機は置いてないものの、**10円コピー機**は設置されていて、我々はそれを使用して色々と第三者の著作物を私的使用目的でコピーしまくっていますよね？　もしやあれは権利制限の対象ではない違法行為なのでしょうか？

ご安心ください。著作権法は、例外の例外の、そのまたさらに例外として（なんて複雑な！）、専ら文章や図画の複製のための機器（つまりコピー機）を使用した私的使用複製は「当分の間」権利制限の対象であると規定しており、このため、コンビニ等に設置されたコピー機を使用して行うコピーは、私的に使用する目的であれば適法です。ちなみに、「当分の間」が一体いつまで続くかは……、よく分かりません。この先当分続くことを心から祈りましょう。

例外その２：コピーガード外し、リッピング

市販されている、あるいはレンタルされている多くの音楽ＣＤは、簡単に音楽データをパソコン等に取り込むことができますが（かつて、**コピーコントロールＣＤ**という複製が技術的に制限される仕様のＣＤが一瞬だけ流通しましたが、今はほとんど流通していません）、ＤＶＤやブルーレイディスクの場合、映像データがコピーできないような特別な技術仕様が施されています。こうした仕様が施されている場合には、たとえ私的使用目的であったとしても、特殊な回避ソフトを用いるなどして強引にデータをコピーすることは、複製権の侵害

に当たります。また、こうした回避ソフトを公衆相手に販売等したり、そのために製造したりすることは、刑事罰の対象にもなっています。

例外その3：違法ダウンロード

各種の違法サイトやファイル交換ソフト等を通じて違法配信されている音楽や映画のデータを、著作権を侵害する違法なものであることを知りながらダウンロードすることは、たとえ私的使用目的であったとしても、複製権の侵害に当たります（いわゆる「**違法ダウンロード**」）。さらに、ダウンロードしたものが市販されている音楽や映画のデータの場合は、刑事罰の対象にもなっています。

なお、大変残念なことに、各種動画投稿サイト等には、権利者に無断でアップロードされた映画や音楽をまだまだ沢山確認することができますが、こうしたコンテンツをダウンロードせずにただ閲覧するだけであれば、モラルの問題はさておき、著作権法上の問題はありません。ただ、150ページでも力説したとおり、違法にアップロードされたコンテンツを楽しむ人たちがいる限り、違法アップロードは永久になくなりませんので、そこのところをよく考えて、節度あるインターネットライフを送っていただければと思います。

例外その４：映画盗撮

映画館で映画を盗撮することは、たとえ私的使用目的であっても、複製権の侵害に当たります。これは、**「映画の盗撮の防止に関する法律」**（通称**「映画盗撮防止法」**）という著作権法とは別の法律で定められた例外です。違法ダウンロードと映画盗撮に関しては、映画館で本編上映前にダンサブルなＣＭ**「ＮＯ ＭＯＲＥ映画泥棒」**（主演：**カメラ男**、助演：**パトランプ男**）がよく流れているので、映画館によく行く人にとってはお馴染みかと思います。ちなみに、先日本屋でカメラ男の写真集を発見し、思わず二度見してしまいました。一体どういう層に需要があるのかよく分かりませんが、どうやらカメラ男のフィギュアも商品化されている模様です。

引用

私的使用複製の他に身近な権利制限規定と言えば、**引用**（32条1項）が挙げられます。たとえば、私が、ある書籍に書かれている内容を論文中で批判するという場合、「この点、酒村聡著『まったりほっこり著作権』（××出版、２０１４年）１２３頁は、『……（引用部分）……』と述べるが、以下の理由により、妥当ではない。すなわち、まず、～」といった感じで、批判の対象となる文章をそのまま引用という形で転載するわけですが、これは本来転載部分の複製等に当たる行為です。また、ある画家の作風を研究する論文中に、研究対象とした作品の縮小コピーを掲載する場合も同様です。ただ、これらの場合、批評や研究等といった目的で掲載するのであれば、無断利用が許されます。批評のケースで言えば、著作権者の許諾を必要としてしまうと、自分の著作物を批評、特に批判されることを面白くないと感じる人も少なくありませんので、批評のための利用を許諾しないことが想定され、ひいては自由な批評・言論が妨げられる不健全な世の中になってしまうからです。

その他、先に述べたようにある著作物を直接批評等する場合だけでなく、ある著作物と密接に関連するものを批評や報道等する場合、たとえばある書籍やCDの批評をする際に、その書籍のカバーやCDのジャケットを利用したり、ある事件を報道する際に、その事件の被害者や加害者の卒業写真の顔写真を利用したりする場合も、引用として無断利用が可能な場合がある（すなわち、書籍のカバーやCDジャケット、顔写真の著作権者から許諾を得る必要がない場合がある）と私は考えています。また、最近では、京都大学の入学式の式辞中にボブ・ディラン『風に吹かれて』の一節を使用したことが引用に該当するかどうかが一部で議論となり、ボブ・ディランの歌詞の著作権を管理するJASRACは、引用に該当するとの見解を示しました。

引用の要件を巡っては、昔から様々な議論があります。最近では、絵画の鑑定証書に鑑定対象の絵画の縮小コピーを添付することが引用に該当するとした注目すべき裁判例が出され、活発な議論が行われています。ここでは引用の要件を巡る議論について深入りすることはしませんが、いずれにせよ「引用」の名を借りて著作権者に経済的ダメージを与えるような非常識な利用は許されません。たとえば、極端な例ではありますが、ある小説を丸々ないし大部分転載して、最後に「いやー、サイコーだった！」などと一言だけ感想をつけたところで、それは権利制限の対象となる引用ではなく、単なるサイテーな著作権侵害行為にすぎません。

営利を目的としない上演等

たとえば大学の学園祭でアイドルが歌うという場合、それが営利を目的とせず、観客からお金を取らず、また、アイドルやバックバンドもノーギャラであれば、著作権者の許諾を得る必要はありません（ギャラが支払われたり、観客からお金を取ったりする場合は、原則に戻り、著作権者の許諾を得る必要があります）。

その他の権利制限規定

権利制限規定はこの他にもたくさんあり、先ほど述べたとおり、全て触れることは到底不可能なのではありますが、以下では、主なものについて、多少の不正確さや異論反論は承知の上で、私なりにざっくりグループ分けをしてみました。ちなみに、全部が全部というわけではありませんが、著作権に関する権利制限規定の多くは前回説明をした著作隣接権や出版権にも適用されます。

(1) **公益的、公共的な目的によるもの**：図書館等における複製等（31条、42条の2）、営利を目的としない上映等（38条。なお、公の伝達権に関する権利制限規定について106ページ～で説明していますのでそちらもご覧ください）

(2) **教育目的によるもの**：教科書等への複製等（33条）、学校等における授業のための複製等（35条）、試験問題としての複製等（36条）

(3) **障害者福祉の目的によるもの**：視覚・聴覚障害者等のための複製等（33条の2、37条、37条の2）

(4) **立法、行政、司法上の目的によるもの**：裁判手続、行政手続等のための複製（42条）、情報開示・公文書管理等のための複製等（42条の2、42条の3）

(5) **報道の目的によるもの**：時事問題に関する論説の利用（39条）、公的な演説等の利用（40条）、時事の事件の報道のための利用（41条）

(6) **美術の著作物等に関し、所有権との調整等の目的によるもの**：原作品所有者による美術・写真の著作物の展示（45条。なお、この権利制限については、110ページ～で説明していますのでそちらもご覧ください）、建築著作物や公開の場に設置された美術の著作物の利用（46条）、美術・写真の著作物を展示する際の解説小冊子への掲載（47条）、所有者等が美術・写真の著作物を販売等する場合のサムネイル画像の配信等（47条の2）

(7) **デジタル、ネット社会への対応を目的とするもの**：技術開発・試験のための利用（30条の4）、プログラム著作物の複製物所有者による複製等（47条の3）、携帯端末等の保守・修理時におけるデータの複製（47条の4）、通信の円滑化のための複製（47条の5）、検索エンジンのための複製等（47条の6）、情報解析のための複製等（47条の7）、パソコン等の機器内部におけるキャッシュ作成のための複製（47条の8）、各種インターネットサービスにおけるバックエンド領域での分散処理等のための利用（47条の9）

コンパクトな表現ではうまく内容が伝わらないものや、どうにも分類に困ったいくつかの権利制限規定についてはやむなく割愛しましたが、こうして改めて見るとやっぱり沢山ありますね……。全てを正確に覚える必要はまったくありませんので、まずは日常生活や日常業務に関係するものをざっくりと押さえればそれで十分だと思います。

続いて、権利制限規定を巡る近時の動向や最新トレンドについてご紹介したいと思います。

インターネット／デジタル社会に対応するための権利制限規定

沢山ある権利制限規定の中で一大勢力になりつつあるのが、インターネット／デジタル社会に対応するための権利制限規定であり（47条の4～47条の9など）、そのほとんどは、ここ10年以内に行われた改正で新たに導入された、いわば新参者の権利制限規定です。

法律と現実のギャップ

こうした改正が必要となる背景には、「**法律と現実のギャップ**」があります。第2章で説明したとおり、著作権法上、「著作物」のハードルは高くなく、ちょっとした文章やイラスト、画像等であっても、著作物として保護の対象となり、小説や音楽、映画等と同様の扱いを受けます。加えて、著作権法上、「著作権」の対象となる利用の範囲はとても広く、たとえば複製権であれば複製全般が、公衆送信権であれば不特定又は特定多数への送信全般が、権利の対象になり、こうした行為を行うには、原則として権利者の許諾が必要となってきます。

デジタル／ネット社会においては、アナログ時代とは比較にならない規模の情報が、技術の進歩によって可能となった様々な態様によって処理されていますが、処理の対象となる情報には著作物が多く含まれるとともに、処理に際して複製や公衆送信が伴う場合も少なくありません。

その一方で、権利制限規定は、各条文をご覧のとおり、利用目的や対象著作物、利用態様等を限定する形で規定されているため、適用されるケースは自ずと特定のケースに限られることとなり（その意味で、「**個別権利制限規定**」と呼ばれます）、これまで想定していなかった新たな著作物の利用に対して臨機応変かつ柔軟に適用することには通常困難が伴います。

その結果、**技術の進歩によって新たに生まれた著作物の利用行為については、対応する権利制限規定が存在しないという事態が生じる**ことになります。もちろん、そうした利用行為の中には、原則どおり権利者から許諾を得るべきものも多々含まれますが、物理的に複製等が行われているものの権利者には不利益を与えない等の理由で、権利制限の対象としても差し支えないと考えられるものも一定程度存在します。

そして、後者については、**適用される権利制限規定が法律上存在しないがゆえに、形式的には著作権侵害に該当してしまうという好ましくない状況**が生まれます。著作権法は、こうした状況が生じる度に、法改正を行い、対応する権利制限規定を個別に追加しており、それらが一大勢力になりつつあるというわけです。こうした背景もあって、著作権法はよく、「毎年のように改正がある」などと言われ、実際毎年のように改正をしていた時期もありますが、ここ最近は、2~3年に一度のペースで改正を繰り返しています。いずれにせよ、頻繁に改正される法律であることは間違いがなく、著作権業界に身を置く者は、常に法改正の動向をキャッチアップすることが求められます。

複雑怪奇な規定

最近追加された権利制限規定の多くに共通するのは、**非常に複雑で読みにくい条文である**ということです。たとえば47条の5の条文をご覧下さい。圧倒的な文字数で、カッコだらけの複雑な構文の条文が迫ってきます。

さらに、厄介なことに、この規定は著作権法だけでは完結せず、下位法規である著作権法施行令、そのまた下位法規である著作権法施行規則の条文を見ることによって初めて完結する仕組みになっています。関係条文の文字数を合計すると実に約２０００字にも達し、これは、本書で言えば、３ページ分以上に相当します。この条文、正直できることなら読みたくない条文ですし、意を決して一読しても、そして何度読んでも、何が書いてあるかさっぱり分からないのではないでしょうか。でも安心してください。実は私もよく分かりません。

デジタル／ネット社会における特定の事象を過不足なく条文化することを目指す場合、どうしても複雑な規定になってしまうのは致し方ないと思う半面、それにしてもやり過ぎ感が否めないのも事実です。現代社会において、**著作権法は国民生活に密接に関係する法律である以上、国民にとって分かりやすい条文の方が望ましい**ことは言うまでもありません。こうした観点から、近時の複雑な権利制限規定の評判は非常に芳しくありません。

こうした複雑な権利制限規定をどう読み解き、活用するかは、特にインターネット上の画像やテキスト等の複製等を伴うＩＴビジネスを合法的に展開するうえでは不可欠といえ、筆者のところにも、そうした相談は少なくありません。こうした検討を行うに際しては、権利者に不利益を与えることにならないかといった観点が重要であることは言うまでもありません。また、仮に権利者に不利益を与えない（あるいは逆に利益をもたらす）としても、権利者から見た場合に、「他人コンテンツの価値にただ乗りして金儲けをしている」と評価されないかといった観点も重要になってきます。

COLUMN 機械学習に優しい日本

基本的に評判の悪い近時の権利制限規定ですが、中には例外もあります。それが、**情報解析のための複製等**に関する47条の7です。この規定は、平成21年の法改正で導入された権利制限規定であり、情報解析を行うための素材の複製等を対象とするものですが、比較的シンプルな条文であり、その対象範囲はかなり広いと言えます。具体的には、いわゆる「機械学習」のための各種複製等（たとえば、ＡＩプログラムに大量の小説や音楽のデータを読み込ませること）が、営利非営利を問わず、広く47条の7の対象になり、その結果、機械学習のための環境は、少なくとも著作権法に限ってみれば、日本は諸外国よりもかなりリードしていると言えます。このことを、「**機械学習パラダイス**」などと評する有識者もいるくらいです。

フェアユース規定

一方、米国に目を向けてみると、米国著作権法には、日本以上に複雑な権利制限規定も色々とありますが、それに加えて、以下のような「**フェアユース規定**」と呼ばれる権利制限規定があります。

米国著作権法第１０７条

第１０６条及び第１０６Ａ条の規定にかかわらず、批評、解説、ニュース報道、教授（…略…）、研究又は調査等を目的とする著作権のある著作物のフェアユース（…略…）は、著作権の侵害とならない。著作物の使用がフェアユースとなるか否かを判断する場合に考慮すべき要素は、以下のものを含む。

(1)　使用の目的及び性質（…略…）
(2)　著作権のある著作物の性質
(3)　著作権のある著作物全体との関連における使用された部分の量および実質性
(4)　著作権のある著作物の潜在的市場または価値に対する使用の影響

上記全ての要素を考慮してフェアユースが認定された場合、著作物が未発行であるという事実自体は、かかる認定を妨げない。

フェアユース規定は、要するに、ある著作物の利用行為が、(1)〜(4)に代表される諸要素を総合的に考慮し、フェアユース（公正な利用）であると判断される場合は、権利制限の対象となり、著作権侵害は成立しない、という権利制限規定です。日本の権利制限規定のように、特定の事象を念頭に置いた規定ではなく、**権利制限の対象が包括的、抽象的である点が最大の特徴**です。フェアユース規定のメリットとしては、**新たな著作物の利用態様に対して、新たな権利制限規定を導入することなく、柔軟に対応ができる**点が挙げられ、実際、アメリカにおいては、判例により、検索サービス等がフェアユース規定により権利制限規定の対象であると判断されています。デメリットとしては、ご覧のとおり条文だけを読んでも何がセーフで何がアウトかさっぱり分かりませんので、**予測可能性に欠ける**といった点が挙げられます。

「日本版フェアユース規定（権利制限の一般規定）」導入論→平成24年改正→「柔軟な権利制限規定」導入論→平成30年改正？

今から10年近く前に、デジタル／ネット社会に適切かつ迅速に対応するためには、日本でもフェアユース規定のような権利制限規定を導入すべきであるという大議論が著作権業界に巻き起こりました。その結果、知的財産推進計画２００９において、「著作権法における権利者の利益を不当に害しない一定の範囲内で公正な利用を包括的に許容し得る権利制限の一般規定（日本版フェアユース規定）の導入に向け、（中略）検討を行い、（中略）早急に措置を講ずる。」と明記され、これを受け、文化庁の審議会で検討が行われました。

この検討は、当時文化庁に在籍していた私が担当したものですが、導入賛成派（利用者サイド）と反対派（権利者サイド）とで、それはそれは激しく対立したため、かなり難航しました。そして、足掛け2年に及ぶ議論の結果、フェアユース規定のような抽象度の高い規定の導入は見送られ、適用対象をある程度明確にした、抽象度が〝少し〟高い規定を導入する方針となりました。ところが、その後の条文化の過程で色々すったもんだがあり（条文を作るのって実は物凄く大変なんです！→188ページ～）、当初の方針よりも抽象度が低い権利制限規定が導入されるに留まり、一部関係者を深く失望させました（その節は、力及ばず、申し訳ございませんでした……）。

その後、抽象度が高い権利制限規定（今回は「**柔軟な権利制限規定**」というネーミングになっています）を導入しようという議論が再び起こり、文化庁の審議会において、導入の方向でのとりまとめがなされました。解散総選挙の影響により、本書刊行時には導入は間に合いませんでしたが、近い将来（最短で平成30年の通常国会で）法改正が行われる見込みです。無事法改正が行われた暁には、複雑怪奇で評判の悪い47条の枝番シリーズが多少なりともすっきりするかもしれませんし、そうなることを大いに期待します。

私の思い

私は「柔軟な権利制限規定」を検討する文化庁のワーキングチームに委員として参加しましたが、かつて担当した思い入れのある検討課題であるということもあって、何とかよい形で法改正が成し遂げられることを強く願っています。

しかし、権利者団体からヒアリングをした際には、残念ながら、私が文化庁にいた頃と変わらず、反対一色という状況でした。

権利者団体は、柔軟な権利制限規定の導入に反対する理由として、導入によって著作権侵害が増えるということを一貫して主張しています。これは、本来、権利制限の対象とはならない（＝権利者から許諾を得なくてはならない）にもかかわらず、柔軟な権利制限規定が適用されるとして行われる無許諾利用が横行するという主張です。私は、こうした主張の背景には、一部の導入推進論者が、あたかも著作権法がイノベーションを妨げる諸悪の根源であり、柔軟な権利制限規定を導入することによって、イノベーション推進のためであれば本来権利者からの許諾が必要な領域も含め、広く権利制限の対象となるかのような主張をしていることにあると考えています。

しかしこうした主張は誤りです。**フェアユース規定を含め、柔軟な権利制限規定は決して打ち出の小槌ではないのであって、権利者の利益を不当に害するような領域についてまで、イノベーション推進の名の下に権利制限の対象とするようなものであってはならない**はずです。私自身は、柔軟な権利制限規定は、法律と現実のギャップを埋めるための重要なツールであると考えており、導入を支持する立場ですが、その大前提として、柔軟な権利制限規定の意義、効果についての正確な理解を共有することが何より重要であると思います。

おっと、思い入れが強い問題だけに、ついつい熱く語ってしまいました。

第9章　国際的な保護

外国の著作物は日本で保護されるのか？　その逆はどうなのか？

これまでの説明は、特に意識して明示したわけではありませんが、日本人が創作した著作物が日本において利用される場合を念頭に置いて行ってきました。

しかし、ハリウッド映画や韓流ドラマ、あるいはいわゆる洋楽をはじめ、日本では、ジャンルを問わず、様々な外国のコンテンツが市場で流通しています。逆もまたしかりで、アニメや漫画を筆頭に、日本のコンテンツは多くの国で愛され、人気を博しています。

それでは、日本で流通している外国のコンテンツは、日本の著作権法で保護されるのでしょうか？　また、外国で流通している日本のコンテンツは、外国の著作権法でちゃんと保護されるのでしょうか？

答えは、基本的にはイエスです。

著作権をどのように保護するのか、あるいはどの範囲で権利制限を認めるかといった著作権を巡るルール（著作権制度）については、それぞれの国が制定した法律（「著作権法」という日本語訳になる法律の場合もあれば、別の名前の法律の場合もあります）により決められています。

したがって、当然**国によってそのルールはバラバラ**です。ただ、著作物は国境を越えて利用されることから、著作権制度に関する国際条約がいくつもあり、大半の国がこれに参加しているため、根本的なルールについては、条約加盟国間では共通しています。なお、最も代表的な条約としては、『レ・ミゼラブル』（邦題：『ああ無情』）でお馴染みの**ヴィクトル・ユーゴー**の発案により作成され、1887年に発効した**ベルヌ条約**が挙げられます。

そして、詳細は省きますが、こうした国際条約に多くの国々が加盟している結果、**基本的に外国の著作物であっても日本の著作権法による保護を受けますし、逆に、日本の著作物も、基本的には各国の著作権法による保護を受けられるわけです。**外国の著作物だからコピーし放題といったことは決してありませんので、くれぐれもご注意ください。

例外　～北朝鮮の著作物等～

先の説明で、「基本的に」と敢えて留保をつけたのは、ご多分に漏れず例外があるからです。まず、国際条約に加盟しておらず、日本と条約関係のない国に関しては、その国の国民が創作した著作物を日本で保護する義務はありません。本書執筆時点においては、**イラン**や**エチオピアなどの著作物**がこれに当たります。ただ、この場合でも、これらの国の国民が創作した著作物が日本や条約加盟国で最初に発行されたといった場合は、保護の対象となりますのでご注意ください。

また、もう一つ、重要な例外として**北朝鮮の著作物**が挙げられます。北朝鮮はベルヌ条約加盟国ですので、普通に考えれば、北朝鮮の著作物は日本でも保護しなければならないようにも思えます。しかしながら、日本のテレビ局がニュース番組で北朝鮮の映画を無断利用したとして北朝鮮サイドから訴えられた裁判において、**最高裁判所は、日本が北朝鮮を国家として承認していないことを理由に、北朝鮮の著作物を日本で保護する義務はないと判断**しています。近時、核実験やミサイル発射の問題等で、北朝鮮のニュース映像が日常的に日本で放送されていますが、それらを目にする度にこの最高裁判決のことを思い浮かべるようになれば、あなたも立派な著作権通かもしれません。

どの国の著作権法が適用されるのか　～ユビキタス侵害～

日本において、著作権者であるルーカスフィルムに無断で『スター・ウォーズ』の海賊版DVDを製造して売りさばいたという場合、どこの国の著作権法で著作権侵害か否かが判断されるのかと言えば、それはもちろん日本の著作権法です。日本のテレビ局がルーカスフィルムの許可なく『スター・ウォーズ』を放送したという場合も同様です（実際そんな単純ミスはおよそ考えられませんが）。

一方で、本書が中国で海賊版として売りさばかれたという場合は、中国の著作権法が適用されることになります。

このように、その**著作物が利用される国の著作権法が適用される**というのが、基本的なルールです。そして、通常は、このルールに従えば、どの国の著作権法を適用するかについて、あまり深く悩むことはありません。しかし、悩ましいのが国境を越えて行われるインターネットによる著作物の無断利用です（**ユビキタス侵害**などと呼ばれます）。たとえば、日本で連載されている漫画を著作権者に無断でスキャンしたデジタルデータが、中国にあるパソコンからアメリカにあるサーバーに無断でアップロードされ、それを日本のパソコンからのアクセスを受け、日本に配信されているといったようなケースであり、こうしたケースでは、上記ルールはストレートには当てはまりません。考えられる帰結としては、**サーバーの所在地**（上記例ではアメリカ）の著作権法、**アップロード行為地**（上記例では中国）の著作権法、**コンテンツの受信地**（上記例では日本）の著作権法などがあり得るところですが、定説を見ない状況であり、本書でもこれ以上の深入りはしません。ただ、本書でも何度か力説しているとおり、現在、インターネット上での著作権侵害が後を絶たず、権利者に与える経済的ダメージも極めて深刻なものとなっていることを考えると、なるべく権利者が権利を行使しやすい解釈、運用が望ましいように思われるところです。

COLUMN 著作権ムラの人々 ～権利者or利用者～

これまで本書でも何度か触れていますが、著作権業界におけるプレーヤーは、大きく、権利者サイドと利用者サイドとに分けることができます。そして、権利者サイドは権利の保護強化を求め、対する利用者サイドは自由な利用（つまりは権利の制限）を求めるため、多くの場合、両者は対立することになります（多くの場合、文化庁は両者の板挟みになります）。

そして、著作権問題を話し合う文化庁の審議会では、権利者団体、利用者団体それぞれから委員が選ばれたり、ヒアリングで呼ばれたりします。また、これらの団体は、ロビー活動として有力な国会議員に働きかけをしたりもしますので、文化庁としては、日頃から各団体と関係を密にし、丁寧に説明をすることが重要になってきます。

権利者団体の例としては、ランダムに思いつくままに挙げると、ＪＡＳＲＡＣ、日本新聞協会、日本書籍出版協会（書協）、日本レコード協会（レコ協）、日本芸能実演家団体協議会（芸団協）、日本民間放送連盟（民放連）、NHK、日本写真著作権協会、コンピュータソフトウェア著作権協会（ACCS）、日本文藝家協会、日本脚本家連盟（日脚連）、日本シナリオ作家協会（シナ協）、日本音楽事業者協会（音事協）、日本音楽制作者連盟（音制連）、日本音楽出版社協会（MPA）、日本映画製作者連盟（映連）、日本美術家連盟（美連）、日本映像ソフト協会（JVA）などなど、実に沢山あります。

一方の利用者団体ですが、こちらは現状そう多くはなく、電子情報技術産業協会（JEITA）、インターネットユーザー協会（MIAU）、主婦連合（主婦連）、全国地域婦人団体連絡協議会（地婦連）くらいでしょうか。この他、影響力という意味では、グーグルやヤフーといった大手インターネット事業者はいまや無視できない存在です。

上記のとおり、両陣営は多くの場合、対立構造にあるのが常です。しかしながら、権利者陣営としても、適法な態様でコンテンツが広く流通することはウェルカムなはずであり、一方の利用者陣営としても、違法コンテンツが世に溢れ、権利者に適正な対価が支払われなくてもよいなどとは思っていないはずです。また、まともな利用者であれば、創作者に対するリスペクトだってちゃんとあるはずです。つまり、スタンスは違っても、目指す理想の世界像は共通するのであって、私としては、何とか両陣営で協調し、知恵を出し合っていただきたいなと強く願っています。

COLUMN 法律改正の裏側

私は文化庁著作権課に3年半ほど出向した経験があり、平成21年、平成24年と二度の法律改正に立法担当者として関与しました。そんな私が見た法律改正の裏側をここでは簡単にご紹介しましょう。

まず、条文の原案を作るのはその法律の担当省庁であり、著作権法の場合、文化庁著作権課の立法担当者です。審議会でとりまとめられた内容をなるべく忠実に条文化することを心がけ、何日も何日も悩みながら条文案は作成されます（私の場合、夢にまで条文案が出てくるようになり、夢の中で浮かんだ条文案を起きてすぐ書き留めたこともありました。残念ながらボツになりましたが）。そして、担当省庁により原案が作成された後は、法改正の最大の難所である「**内閣法制局審査**」を受けます。内閣法制局の審査は、「てにをは」のような形式面だけをチェックするのではなく、むしろ内容面のチェックがメインです。日本の法体系全体との整合性等の観点から、とんでもなく厳しい審査が行われ、一生懸命作った原案は最終的には跡形もなくなります。内閣法制局審査は、昼夜を問わず長時間、参事官と呼ばれる担当官1人と各省庁の担当者数名のフェイストゥフェイスで行われます。夕方5時から深夜2時3時頃までほぼぶっ通しで行われ、その後、役所に戻って朝までに指摘を踏まえた条文の修正等の作業（「宿題返し」と言います）を行うなんてこともザラであり、肉体的にも精神的にも非常に辛いイベントです。筆者的には正直もう二度と経験したくありません。

内閣法制局審査について思うところは色々とあるのですが、敢えて問題点を一つだけ指摘するとすれば、属人的な側面が強いということでしょうか。要は1人の担当者が首を縦に振らないいばかりに成し遂げることができなかった改正が、その担当者が異動したことに伴い、実現できたというケースが普通にあったりするわけです（178ページで説明した「柔軟な権利制限規定」もそうなるかもしれません）。何ともやりきれない気持ちになります。

いずれにせよ、内閣法制局の審査がクリアできない限り、政府提出法案としての国会提出はできませんので、各省庁にとって内閣法制局は大変恐ろしい存在であり、強大な権力です。それゆえ、内閣法制局の指摘はある種絶対であり、基本的に刃向かうことなど許されません。内閣法制局の指摘が納得いかなくても粘り強く説得を試みるしか術はなく、それでも理解してもらえないときは、残念ですし、非常に悔しいですが、潔く諦めるしかないのです。有益な指摘や示唆も多々ありますし、時に一緒に思い悩んでくれる存在ですので内閣法制局が不要であるとは決して思いませんが、それでも色々と改善の余地がある気がしてなりません。

辛く苦しい内閣法制局審査を何とかクリアできる目途ができると、次に、「**各省協議**」という、これまた厄介なイベントが待っています。これは、要するに他省庁からの質問に対応し、法案を理解してもらうというイベントですが、最終的に法案を国会に提出するためには閣議決定が必要であり、閣議決定は全会一致が原則であって、反対する省庁（大臣）が一つ（一人）でもあれば法案を国会に提出できないために必要な手続きとなります。著作権法の場合、法務省や経産省、総務省、外務省、警察庁、特許庁、内閣府（順不同）辺りが主な協議相手ということになりますが、中には、嫌がらせじゃないか、という大量の質問を送りつけてくる省庁もあったりします。各省協議の期間中は、さながら戦場と化し、質問→回答→再質問→再回答……という形でやり取りを何度も繰り返し（質問は予め設定した締切日時までにしなければならず、締切はどんどん短くなるというルールになっています）、最終的に質問が出てこなくなるまでこれを続けます。霞が関的には伝統行事なのだと思いますが、私なんかは、正直、省庁が違うとはいえ、同じ霞が関内で一体この人たちは何をやっているのだろう……と思ってしまいました。なお、協議の難航が予想される省庁に関しては、各省協議とは別に内閣法制局審査と並行して協議を行うといったこともあります。

そんなこんなで各省協議も内閣法制局審査もクリアできれば、無事国会提出です。安定与党の政権であれば、ここから先はそう難航しませんが、それでも国会議員への説明周りや国会答弁の作成、あるいは権利者団体等への説明などなど、色々とやることはあります。

筆者がメインで担当した平成24年改正に関しては、審議会のとりまとめに非常に苦労し、その後の内閣法制局の審査ではボロボロになり、その結果審議会のとりまとめに沿った条文案にすることは叶わず、それでも何とか国会提出にこぎ着けたものの、民主党政権下のねじれ国会のため、なかなか法案審議に入らず胃が痛い日々が続き、やっとこ閉会間際にギリギリ成立したという感じで、本会議での採決の瞬間は（先述のとおり、改正内容自体は満足のいくものではありませんでしたが）それまでの苦労が走馬灯のように駆け抜け、こみ上げてくるものがありました。

法改正の結果だけ見て色々と難癖をつけるのは簡単なことなのですが、その裏には関係者の血のにじむ苦労や様々な大人の事情があるということを少しでも知っていただけると嬉しいです。

COLUMN 文化庁著作権課とは?

コラム3連発の最後は、筆者が3年半もの長きにわたり所属したことがある、著作権行政を管轄する文化庁著作権課のご紹介です。

正式名称は、「**文化庁長官官房著作権課**」といい、著作権課長を筆頭に、総勢約20人ほどの職員が在籍します。特許行政を管轄する特許庁とは人数、予算規模ともに比較にならない少数精鋭部隊です。文化庁は文部科学省の外局であり、著作権課の職員も基本的には文部科学省の職員ですが(著作権課の出身者の中には、出世してその後文部科学省の事務次官にまで登りつめた人もいます)、交流人事ということで、経済産業省から出向している人や、私のように弁護士資格を持つ人もコンスタントに在籍しています。

ちなみに、文化庁に限らず、多くの省庁には、弁護士資格を持った職員が出向という形で在籍していますが、文化庁に出向した弁護士の栄えある第1号は、何を隠そう私です。

著作権課は、著作権法の改正に関する企画立案、審議会の運営、実際の改正作業のほか、各種の調査研究や著作権等管理事業者（↓235ページ〜）の監督等、著作権教育（全国各地での著作権セミナーの開催やテキストの作成等）、登録業務（↓202ページ）などなど、多岐にわたります。著作権関係のニュースが世間を賑わせた場合（たとえばＪＡＳＲＡＣと音楽教室の問題（↓101ページ〜）等）には、国会で質問が出ることも多く、その場合に対応することも重要な仕事です。

文化庁と言えば、近々京都に移転することが決まっていますが、法律改正や国会に関する仕事は、現実問題として東京にいないととてもできませんので、どうやら著作権課に関してはそのまま東京に残るようです。

第10章　保護期間

～著作権等はいつまで保護される？～

本章では「保護期間」について説明します。

著作権にせよ著作隣接権にせよ、未来永劫保護されるものではなく、著作権法で保護される期間が具体的に決められています。これに対して、物を支配する権利である所有権は、その物がこの世に存在し続ける限り、未来永劫保護されます。また、同じ知的財産権でも特許権や意匠権等は著作権と同様に保護される期間が決まっていますが、商標権は更新の手続きさえすればずっと保護を受けられます。

商標権の場合、ブランド名や商品名、サービス名等に対する信用力を保護する権利であるため、商標権者がその名称等を業務上使用し続ける限り、保護をする必要性があると言えます。

一方、著作権の場合、第1章で説明したとおり、究極的には文化の発展を目的として保護する権利です（1条）。そして著作物を創作するという場合、全くのゼロから創作するということはむしろ稀で、多くの著作物は、先人が創作した著作物の影響を何かしら受けていると言えます。そこで、著作権法は、一定期間が経過した著作物等については、むしろ社会共有の財産として自由利用を認めた方が豊かな作品が沢山生まれ、文化の発展に資すると考え、保護期間を定めているわけです。なお、保護期間が満了し、社会共有の財産となることを、

「パブリックドメイン（Public Domain）」とか「PD」などと言います。

著作物の保護期間

第3章で説明したとおり（➡61ページ〜）、著作権は著作物を創作すればその瞬間に自動的に発生し、出願だの登録だのといった面倒な手続きは一切必要ありません。したがって、ある著作物の著作権がいつから保護されるのかと言えば、それはその著作物が創作されたその瞬間からだということになります。では、いつまで保護されるのでしょうか。これにはいくつかのパターンがあります。

●原則――死後50年（51条2項）

まず、原則をしっかり覚えましょう。原則は「**著作者の死後50年**」です。

思えばこの原稿を最初に執筆した2016年は偉大なミュージシャンが次々と亡くなり、音楽好きの私にとって大変ショックな年でした（SMAPの解散も言葉にならないほどショックでしたが……）。デヴィッド・ボウイ、プリンス、モーリス・ホワイト、キース・エマーソン、レオン・ラッセル、ヴィクター・ベイリー、ピエール・バルー、冨田勲、吉良知彦、森岡賢、朝本浩文などなど。

たとえば冨田勲さんが作曲した『きょうの料理』テーマ曲の著作権がいつまで保護されるかと言えば（今後保護期間が延長されなければ）２０１7年1月１日から50年後の２０６６年12月31日までです。ちなみに、保護期間はなるべくラクに調べられた方がよいため、著作権法では、亡くなった翌日（冨田勲さんの場合は２０１６年5月５日にお亡くなりになっていますので、２０１６年5月６日）から厳密に50年をカウントするのではなく、亡くなった（または下記例外の場合は公表の）翌年の1月１日からカウントするというルールになっています（57条）。

したがって、著作者が亡くなった年さえ分かれば、保護期間は正確に計算できますし、上記の方々が創作した著作物の保護期間満了日は、命日にかかわらず、一律２０６６年12月31日までとなるわけです。このルールに従えば、ある年の1月１日に亡くった人が創作した著作物と、その年の12月31日に亡くなった人が創作した著作物の保護期間の満了日は同じだということになり、前者の方がほぼ1年間余分に保護を受けます。何だか不公平だなと思う人もいるかもしれませんが、それがルールだということで割り切っていただくほかありません。

なお、複数の著作者で創作した作品（**共同著作物**↓65ページ）の場合は、最後に亡くなった人の死後50年となります。

様々な例外

全ての著作物の保護期間が著作者の死後50年で統一されていれば話は手っ取り早いのですが、そうは問屋がおろしません。色々と例外があるのですが、主なものは以下のとおりです。

●無名・変名の著作物（52条）

匿名で公表された著作物（＝**無名の著作物**）やペンネームで公表された著作物（＝**変名の著作物**）の保護期間は、著作者の「死後」50年ではなく、著作物の「公表後」50年とされています。ただし、著作者の死後50年の方が短いと認められる場合は原則に戻って死後50年となります（著作者の死後30年目に著作物が初公表されたような場合がこれに当たります）。

なぜ無名の著作物や変名の著作物の保護期間が公表時を基準にしているかというと、匿名やペンネームで発表された著作物の場合、世間的には、著作者が誰かは謎のベールに包まれており、著作者が誰か分からないからです。著作者が誰か分からない以上、生死も分かりませんので、死亡時を基準にしようとしてもできないというわけです。したがって、匿名やペンネームで公表された作品でも、その著作者の正体が広く世間に知れ渡っていれば、原則に戻って保護期間は著作者の死後50年となります。たとえば、２０１６年にお亡くなりになった**永六輔**さんが創作した歌詞（『上を向いて歩こう』など）の保護期間がこれに当たります。永六輔さんの本名は**永孝雄**ですので、永六輔名義で公表された作品は一応「変名の著作物」ではありますが、永六輔さんの正体は誰もが知っていますので、原則通り著作者の死後50年ルールが適用され、冨田勲さんらの作品と同様の保護期間ということになるわけです。

●団体名義の著作物（53条）

団体の著作名義で公表された著作物の保護期間も、著作物の公表後50年とされています。会社等の法人名義で公表された著作物（代表的なものとしては新聞など。どの企業にも身近なものとしては、製品のパンフレットや会社年鑑などが挙げられます）等が典型ですが、「団体」は別に実在の法人である必要はなく、作詞や作曲のクレジットがバンド名やソングライティングチーム名となっているような楽曲も含まれます。

たとえば、古く、かつローカルな例で大変恐縮ですが、わが群馬が生んだ英雄・ＢＯØＷＹの１stシングル『ホンキー・トンキー・クレイジー』がこれに当たり、この曲は

1985年に発売されていますので、メンバーはまだ誰も亡くなっていないにもかかわらず、既に保護期間満了のカウントダウンが始まっています。作詞作曲をバンド名ではなくメンバー連名のクレジット（＝氷室京介／布袋寅泰／松井常松／高橋まこと）にすれば、上記のとおり、最後に亡くなったメンバーの死後50年になりますので、保護期間的には非常に大きな違いとなって現れてきます。

つまり、作詞作曲のクレジットをバンド名にすることは、傍目にはカッコいいのかもしれませんが、権利者目線で純粋に保護期間のことだけを考えれば、大きな損だというわけです。なお、群馬のバンドだけでなく、東京のお洒落バンドの代表格であり、伝説的な渋谷系ユニットである小山田圭吾（現コーネリアス）と小沢健二によるフリッパーズ・ギターの楽曲も、二人のイニシャル（K・O）をもじった「DOUBLE KNOCKOUT CORPORATION」「DOUBLE K.O. CORPORATION」なる、いかにも渋谷系チックな小洒落た団体名義（架空の会社名義?）でクレジットされていたように思われますので、同じことが当てはまる可能性があります。なお、いったんバンド名で公表した場合でも、公表後50年以内に実際の著作者名（つまりバンドメンバーの連名）を表示して公表し直せば、共同著作物の保護期間のルールが適用されます。

最後に、団体の著作名義で公表された著作物か否かは、著作者としてのクレジットがどう表示されているかで客観的に判断され、実際の著作者が誰であるか（団体所属の個人なのか、職務著作として団体になるのか）は原則無関係ですのでご注意ください。

COLUMN 著作権の登録制度

第3章で、著作権は著作物を創作することにより自動的に発生し、特許権のように役所への申請や登録といった面倒な手続きは一切不要だという説明をしました（↓61～62ページ）。もっとも、著作権法上登録に関する制度が全くないかと言えば、一応あるにはあります。この登録制度は、著作権の取得自体には直接関係しませんが、一定の効力が認められています。

主なものを紹介すると、まず、①**実名の登録**は、匿名やペンネームで公表された著作物について、著作者の実名（本名）を登録することにより、登録されている者がその著作物の著作者であるとの推定を受けることができるというメリットがあります。次に、②**第一発行・公表年月日の登録制度**は、その著作物の最初の発行日・公表日を登録することにより、「公表」を基準として保護期間を考える著作物（＝無名・変名の著作物、映画の著作物）の起算点が明確になる等のメリットがあります。③**移転等の登録**は、著作権の譲渡を行った場合に、その譲渡を登録しておくことにより、万一譲渡人が裏切ってその著作権を別の者にも譲渡した場合（いわゆる**二重譲渡**）でも最初の譲受人が保護されるというメリットがあります。

現状、登録制度はほとんど活用されていないのですが、著作物の種類や取引の内容等によっては、検討する価値は十分にある制度です（ちなみにタダではなく、若干の費用はかかります）。分からないことがあれば、文化庁著作権課の登録係に電話をすれば、担当者が懇切丁寧に教えてくれるはずです（こちらはもちろんタダです！）。

映画の著作物

次に映画の著作物の保護期間は、公表後70年です。第3章で説明したとおり（↓72ページ～）、映画の著作物では、監督やプロデューサー等が著作者になりますが、どこまでの範囲の人が著作者なのかは、結局各人の関与の度合い等によってケースバイケースであって法律上も明確ではありません。そのため、著作者のうち最後に亡くなった人の死後50年という基準を適用することは適当でなく、公表時が基準とされています。

また、今後法改正で変わる可能性もありますが、現状では、映画の著作物の保護期間だけ、「50年」ではなく「70年」というところもポイントです。

COLUMN 「公表」とは？

これまで説明してきたとおり、著作物の保護期間は、「著作者の死後50年」か「著作物の公表後50年（映画の著作物の場合は公表後70年）」のどちらかのパターンに分かれます。ここで、「著作者の死後」は、文字通り著作者の「死亡日」という客観的に明らかな時点が基準時になります（上記のとおり、実際のカウントは死亡日が属する年の翌年1月1日から始まります）が、「著作物の公表後」といった場合の「公表」とは一体どの時点を指すのでしょうか？

正体を隠した覆面小説家が、ある小説を完成したという場合を考えてみましょう。正体を隠した覆面小説家が創作した小説ですので、著作権法上は、「変名の著作物」となり、その保護期間は、上記のとおり、「公表後50年」となりますが、基準時となる「公表」は、以下のどの時点になるのでしょうか？

ア　完成直後に妻に読んでもらうために原稿を渡した時点

イ　出版社の担当編集者に読んでもらうために原稿を渡した時点
ウ　出版社の担当編集者が部内の同僚5人に読んでもらうために5部コピーし同僚に渡した時点
エ　単行本として出版された時点

著作権法は、①著作物が「発行」された時点、または②著作権者や著作権者から許可を得た者により上演等の方法で公衆に提示された時点をもって「公表」に当たるとしています（4条1項）。そして、①における「発行」とは、**「公衆の要求を満たすことができる相当程度の部数の複製物」が著作権者や著作権者から許可を得た者等によって作成され、譲渡や貸与された時点**であると定められています（3条1項）。先ほどの例で言うと、アやイの時点はもちろんのこと、ウの時点でも同僚5人に見せるためのコピー程度では、「公衆の要求を満たすことができる相当程度の部数の複製物」とは言えず、「発行」とは認められませんので、結局エの時点をもって公表されたことになります。そして、エの日が属する年の翌年1月1日から50年がこの小説の著作権の保護期間だということになります。

それでは、この小説がある月刊文学雑誌に3年間にわたり掲載された長編連載小説だったという場合は、いつの時点が公表時になるのでしょうか？　この場合のように、**「一部分ずつを逐次公表して完成する著作物」**については、**最終部分の公表の時点（＝最終回が掲載された雑誌の発刊日）を基準に考える**というルールになっています（56条1項）。

また、仮にこの小説が1話完結の全12話により構成されるオムニバス作品で、月刊文学雑誌に1年間にわたり連載されたという場合はどうかと言うと、この場合は、各話ごとに保護期間を考え、個々の公表時点（＝各話が掲載された雑誌の発刊日）を基準に考えるというルールになっています（56条1項）。

映画の著作物の場合を考えてみると、ＮＨＫの大河ドラマは前者に当たり、「サザエさん」のような1話完結もののアニメは後者に当たるでしょう。もっとも、特にテレビの連ドラに関しては、1話完結のようでありつつ、最終回まで伏線が張り巡らされている作品も少なくなく、こうした作品がどちらに当たるか判断が微妙なものも少なくない気がします（もっとも、連ドラは通常年をまたいだ放送はしませんので、その場合は、どちらであっても結論は変わらないことになります）。

外国の著作物、相互主義、保護期間延長問題

第9章で説明したとおり、外国の著作物であっても、基本的には、その著作権は日本の著作権法により保護されます。そして、その保護期間は原則として日本の著作物と同様です。したがって、ある外国（本国）の著作物に関し、本国の著作権法によれば著作者の死後70年間が保護期間であるという場合であっても、こと日本においては、著作者の死後50年間だけ保護すればよいということになります。要は自国（日本）の国民に与えている保護と同様の保護を与えるということであり、ちょっと難しい言葉ですが、**内国民待遇**といいます。**郷に入っては郷に従え的なもの**だとお考えいただければよいかと思います。

なお、逆に、本国の著作権法による保護期間が日本の著作権法による保護期間よりも短い場合は、短い方の本国の保護期間が適用されることになっています（「**相互主義**」と言います。58条）。したがって、ある外国の著作物に関し、その国で既に保護期間が満了している著作物に関しては、日本での保護期間が未だ満了していない場合であっても、満了しているものとして取り扱って構いません。現在、日本の著作権法による保護期間（原則著作者の死後50年）は、欧米等主要国が採用する保護期間（原則死後70年）よりも短いため、日本において、外国の著作物の保護期間に関して相互主義が適用される場合は少なく、むしろ内国民待遇に

より、日本で保護されない外国の著作物が多く生じ、外国から保護期間を延長するよう圧力がかけられることになります。

一方で、外国における日本の著作物の保護という観点から考えると、その国の著作権法上は保護期間が満了していないものの、日本において保護期間が満了しているという理由から、相互主義に基づき外国での保護も受けられないという事態が生じうることになります。こうした理由から、日本の著作権法による保護期間を欧米並みに延長すべきであるという主張が、昔から根強く行われています。これに対しては、強い反対論もあり、文化庁の審議会でも激しい議論が行われましたが、結論は出ず、議論は平行線となっています。

その他（戦時加算、旧著作権法）

これまで説明した各基準に当てはめて保護期間が満了していると思いきや、「**切れてな〜い！**」というケースが色々あるので注意が必要です。

まずは「**戦時加算**」と呼ばれるもので、これは専ら外国の著作物に関して問題になります。ざっくり言うと、**第二次世界大戦中は日本が敵国である連合国民の著作権を保護していなかった**というよく分からない理由で（実際は、戦時中に日本国民が敵国の歌を歌ったりしたら大変なことになったわけで、そう考えると連合国民の著作物はほとんど利用されていなかったようにも思われるところです）、第二次大戦中に保護対象であった戦勝国（連合国）の著作物については、戦時期間分だけ保護期間が加算されるという制度です。国によって加算される期間は異なり、たとえばイギリス人が第二次大戦前に創作した著作物の保護期間は、死後50年に**3794日**が加算されることになり、実に10年以上余分に保護されることになります（なお、同じ第二次大戦の敗戦国であるドイツでは戦時加算は行われていません）。不公平な制度であるということで解消を目指す運動もＪＡＳＲＡＣなどが中心となって行われていますが、現状まだ解消はされていません。

次に**旧著作権法**です。今の著作権法は、明治32年に制定された旧著作権法を全面改正することにより、昭和46年に施行されたものですが、旧著作権法における保護期間と今の著作権法における保護期間とを比較して前者の方が長い場合は、法改正によりこれまで保有していた権利の保護期間が短くなってしまうのは、既得権の保護という観点から適当ではないという配慮から、旧著作権法上の保護期間が適用されます。たとえば、私が著作権者側の代理人を務めた事件として、**チャールズ・チャップリン**が監督を務めた映画の保護期間について、著作者の**死後38年**という旧著作権法の規定が適用されると判断した最高裁判例があります。

ほかにも複雑な例外が色々あり、保護期間の世界は実は大変奥が深いのですが、多くは極めてマニアックな話になりますので、本書ではこの程度にしておきます。いずれにせよ、保護期間が満了していればその著作物は自由に利用ができるわけですが、色々と例外がありますので、**安易に「切れている」と判断してしまうと大変危険**です。保護期間が満了しているか否かは、著作権に詳しい弁護士に意見を聞くなど、慎重に判断する必要があります。私も「この作品はPDなので自由に利用できますよね？」というご相談をいただくことが時折ありますが、自信を持って「Yes. We can!」と答えるには、大変な勇気がいります。

実演、レコード等の保護期間

本章でこれまで見てきたのは著作物の保護期間ですが、著作隣接権の対象となる実演やレコード等についても当然保護期間は定められています。

たとえば、私が2011年11月29日の夜、つまりは35歳の夜に、『15の夜』（by尾崎豊）をギターの弾き語りでカバーし、これを大手レコード会社Aが録音し、2012年4月1日にCD発売をしたという夢のような事例を考えてみます。このCDに収録された『15の夜』を無断でインターネット配信できるのはいつからでしょうか？　この場合、①『15の夜』の曲と詞の著作物、②私の実演（歌唱、ギター演奏）、③大手レコード会社Ａのレコード（音源）、の全ての保護期間が満了すれば無断でインターネット配信することができます。

このうち、①については、既に説明したところであり、尾崎豊さんは１９９２年に亡くなっていますので、死後50年が経過する２０４２年12月31日で保護期間が満了します。

次に②については、実演の保護期間は実演日の翌年１月１日から50年とされていますので、２０６１年12月31日まで保護されます。

最後に、③については、レコードの保護期間は発行日（録音日ではないのでご注意ください）の翌年１月１日から50年とされていますので、２０６２年12月31日まで保護されます。

以上により、③が満了した２０６３年１月１日から晴れて無断利用が可能ということになります。

なお、放送、有線放送の保護期間については触れられませんでしたが、放送、有線放送が行われた日の翌年１月１日から50年とされています。

人格権の保護期間？

今まで述べてきたのは、いわゆる著作権（著作財産権）と著作隣接権ですが、著作者人格権と実演家人格権の保護期間はどうなっているのでしょうか。

著作者人格権にせよ、実演家人格権にせよ、著作者、実演家本人が保有し続ける権利ですので、保有者たる著作者、実演家が亡くなれば権利も消滅すると考えるのが自然です。しかしながら、著作権法は、著作者や実演家の死後は、その遺族である配偶者、子、父母、孫、祖父母又は兄弟姉妹が、著作者人格権侵害、実演家人格権を侵害する行為に対し、権利を行使できると定めており、最長で「孫の代まで」権利行使が可能ということになります。なお、著作者や実演家は、これらの者ではなく、遺言で権利を行使する者を指定することもできます。生前に著作権を管理する財団を設立しておき、その財団に遺言書をもって権利行使を委ねる場合が典型でしょう。なお、この場合に、指定された者（先ほどの例で言う財団）が権利を行使できるのは、著作者の死後50年です。

加えて、著作権法60条、101条の3は、著作者や実演家が存しなかった後における人格的利益の保護として、著作者や実演家が生存しているとしたならば著作者人格権、実演家人格権の侵害となるべき行為をしてはならないと規定しており、これに違反した場合、刑事罰（500万円以下の罰金）の対象ともされていますので（120条）、この規定との関係では、事実上未来永劫保護を受けるという説明も可能です。

トランプショックで保護期間延長問題はどうなる⁉

著作物や実演、レコードの保護期間については、比較的最近、大きな動きがありました。**ＴＰＰ協定**により、最低70年にすることが合意され、これを受け、保護期間の延長等を内容とする改正法案が平成28年の通常国会に提出されたのです。

改正法案は、保護期間が、著作物につき死後50年、公表後50年、実演につき実演後50年、レコードにつき発行後50年から、それぞれ死後70年、公表後70年、実演後70年、発行後70年に延長されるとしています。なお、もともと公表後70年であった映画著作物の保護期間や、ＴＰＰ協定の合意対象とはなっていない放送、有線放送の保護期間については、改正法は延長の対象としていません。

保護期間を延長するか否かは、２０８ページでも少し触れたとおり昔から議論があり、文化庁の審議会等でこれまで検討されたことがありますが、反対意見も根強く、長い間決着がつかない問題でした。そんな難問が、ＴＰＰ協定によって一気に決着ということで、無力感を覚えた関係者もさぞかし多かったことと思われます。

それはともかく、改正法案は、その後、国会で成立しましたが、成立に先立ち、改正法の行く末に極めて大きな影響を与える出来事がアメリカで起きました。そう、〝**トランプショ**

ック〟です。アメリカ大統領にドナルド・トランプ氏が選ばれ、アメリカをはじめ全世界中に大きな衝撃を与えたわけですが、トランプ氏はTPP協定離脱を公約にしており、当選後、公約通りアメリカはTPP協定を批准しないことを決定しました。TPP協定は、アメリカが批准しなければ発効しない仕組みになっていましたので、これは同時に、TPP協定自体が発効されないことを意味します。

保護期間延長等を内容とする改正法は、TPP発効日から施行するものと定められていますので、現状、**法律は成立したものの施行ができない**という状態が続いています。辛く苦しい法律改正作業の一経験者としては、苦労して作った法律が施行されずにくすぶっているという状況は、悲しく切ない状況のようにも思えますが、それはともかく、本書を執筆している2017年10月現在、関係各国は、アメリカ抜きでの発効を目指して鋭意交渉中であり、保護期間の延長は凍結となったということが報道されています。一方、日本とEUの経済連携協定（EPA）交渉で保護期間を70年に延長することが合意されたとの報道もあります。

いずれにせよ、保護期間の延長の問題は、著作物等の権利者にとっても、そして利用者にとっても、非常に重要な問題ですので、常にウォッチしていく必要があります。

第11章　侵害の効果、対抗策

～著作権を侵害するとどうなる？～

これまで、著作権の対象となる著作物（第2章）、著作権を主張できる著作権者（第3章）、著作権の内容（著作権者に無断でやってはいけない行為。第5章、第6章）、権利制限規定（例外として著作権者に無断で著作物を利用してもよい場合。第8章）、そして保護期間（第10章）についてざっくり説明してきました。これまでの説明を踏まえると、

☑ **著作権者が著作権を持っている、**
☑ **保護期間が切れていない著作物について、**
☑ **著作権の内容となる行為を、**
☑ **著作権者に無断で行ってしまうと、**
☑ **権利制限規定が適用されない限り、**
☑ **著作権の侵害に当たる**

ということが言えます。

たとえば、この『はじめての著作権法』は立派な（?）著作物で、著作権は私が持っており、まだまだ保護期間も切れていません。そして、誰かが著作権者である私に無断でこれを出版したという場合、要は海賊版の出版ですが、どの権利制限規定も適用されませんので、著作権侵害（正確には複製権と譲渡権の侵害）に当たります。

一方、奇特な人が論文中で『はじめての著作権法』の一部を批評するために引用し、その論文を出版したという場合、権利制限規定のうち引用（32条1項➡165ページ～）に該当しますので、著作権侵害には該当しません。また、ある奇特な自治体が、ジャニーズを卒業した今がチャンスとばかりに「つよぽん、『はじめての著作権法』を読む！」なる夢のような無料イベントを企画し、ダメ元でオファーしたところ、草彅剛さんが気前よくノーギャラでこれを引き受けてくれたとします。そして、イベントが無事開催され、草彅剛さんがブラタモリのナレーション風に本書を朗読してくれたという場合、営利を目的としない口述（38条1項➡167ページ～）に該当しますので、やはり著作権侵害には該当しません。

では、著作権侵害に当たる海賊版無断出版のケースにおいて、著作権者である私は、著作権侵害者に対して一体何ができるのでしょうか？　そして、著作権侵害者は一体どのような報いを受けることになるのでしょうか？

民事と刑事

細かい話の前に、著作権侵害の効果には、「**民事**」と「**刑事**」の二つの系統があるということをまず覚えてください。

民事は、著作権者（被害者）と著作権侵害者（加害者）との私人間の問題で、上記の例でいうと、著作権者である私が著作権侵害者である無断出版者に対して何を請求できるかという問題です。

一方の刑事は、国家と著作権侵害者との問題で、上記の例で言うと、著作権侵害者である無断出版者はどのような刑罰を受けるのかという問題です。

このことは、著作権以外の例で考えた方が分かりやすいかもしれません。たとえば、チンピラたちに絡まれている女性がいたとします。正義感の強い私としては見て見ぬふりはできませんので、助けようと割って入ったところ、逆にフルボッコにされ、抵抗むなしく全治1カ月の怪我をしたという哀れな例を想像してください。

被害者である哀れな私は、チンピラ加害者らに対して損害賠償を請求すること、要は「金を払え」ということができます。これは民事の問題です。

加えて、刑法２０４条は、傷害罪として「人の身体を傷害した者は、15年以下の懲役又は50万円以下の罰金に処する。」と定めていることから、チンピラ加害者らは、15年以下の懲役刑又は50万円以下の罰金刑をくらう可能性があります。これが刑事の問題です。

そして、著作権侵害に関しても、このチンピラの例と同様に、民事と刑事の側面があるわけです。

民事上の請求

●差止請求（112条）

まずは民事の側面として著作権者が著作権侵害者に対して何を請求できるかというと、「**著作権侵害行為をやめろ**」という請求ができます。上記の無断出版の例で言うと、著作権者である私は、無断出版をしている著作権侵害者に対して、出版をやめるよう請求することができます。こうした請求のことを「**差止請求**」と言います。また、海賊版製造のためのマスターデータや海賊版の在庫が存在するという場合、出版をやめさせるだけでは不十分であるため、併せてこれらの廃棄等の請求もできます。

●損害賠償請求

また、著作権者は、侵害行為がわざと行われた場合や不注意で行われた場合、著作権侵害者に対して、自身が被った損害を賠償するよう請求することができます。要は「金を払え」と言えるわけです。たとえば、『はじめての著作権法』の海賊版が定価1000円で100

万部売りさばかれてしまったという場合、これが正規版であれば、私は、印税率10％と仮定して1000円×100万部×10％で1億円の印税を手にできることから、「1億円払え！」という請求ができるわけです（ついつい夢のような数字で説明してしまいましたが、現実的な数字で考えると、100部売られたという場合はたった1万円です……）。

●素直に請求に応じてくれない場合

侵害者が大人しく請求に応じてくれる場合は話が早いのですが、現実には素直に応じてくれないことも少なくありません。そのような場合に、差止請求や損害賠償請求等を実現するためには、非常に面倒ではありますが、著作権者は、侵害者に対して、民事裁判を起こす必要があります。そして、裁判で無事勝訴し、侵害者が素直に判決に従ってくれれば一安心ですが、判決に従わない場合は、これまた非常に手間暇がかかりますが、勝訴判決に基づき、強制的に請求を実現することになります。

なお、実際に民事裁判にまで発展するケースは、海賊版を売りさばくといった典型的な著作権侵害事案ではなく、そもそも侵害となるかという点で争いがある事案の方が多いです。侵害かどうか争いがあるということは、侵害自体を素直に認めていないということになりますので、最終的に話合いが平行線に終わった場合、「裁判所で白黒つけようじゃねーか！」という話になるわけです。

たとえば、無断利用されたものが著作物かどうかについて争いがあるケース（「**こんなものは著作物じゃないから無断利用しても著作権侵害には当たらない！**」）、無断利用を主張する者が著作権者かどうかについて争いがあるケース（「**お前は著作権者じゃないんだから引っ込んでろ！**」）、著作権の対象となる利用かどうかについて争いがあるケース（「**俺の作品はお前の作品に全然似ていないのだからどう利用しようと俺の勝手だ！**」）、権利制限規定が適用されるかどうかについて争いがあるケース（「**引用に当たる利用なのだから文句言われる筋合いはない！**」）、保護期間内かが争われるケース（「**とっくに著作権切れてるっつーの！**」）というような場合です（それぞれカッコ内は請求を受けた側の言い分の一例です）。

COLUMN

誰を相手に請求するか

著作権者は著作権侵害者に差止請求や損害賠償請求をすることができると説明しましたが、事案によっては、誰を相手に請求するかという悩ましい問題が生じます。ある業者が海賊版ＣＤを売りさばいているというような単純な事案ではこうした問題は生じませんが、昨今のＩＴ技術の進展を背景に、こうした問題が生じる複雑な事案が出てきています。たとえば、個人の私的使用目的複製を業者が手助けするというパターンの事案です。これまで裁判にまで発展した事案としては、海外でも日本のテレビ番組が見られるように、インターネットを通じて録画を代行するサービスや、書籍を裁断してデジタルデータ化する「自炊」と呼ばれる行為を業者が代行するサービス等が挙げられます。こうしたサービスにおいては、番組の録画や書籍のデジタル化といった複製行為が存在するわけですが、この複製行為を行った主体であり、差止請求等の相手方となるのは誰なのか、具体的には、業者に頼んだ個人なのか、それとも業者なのかということが問題となります。仮に主体が個人であるとすれば、私的使用目的での複製であり著作権侵害には当たらないといった結論になる可能性がありますが、主体が業者であるとすれば、著作権侵害になると考えられます。

裁判所は、上記いずれのケースにおいても、主体は業者であるとし、著作権者の訴えを認めましたが、学説上は、これに反対する見解も少なくありません。こうした問題は、「**侵害主体性**」「**間接侵害**」といった名称で議論されている著作権法上の大論点の一つです。この点、差止請求等の相手方となる範囲を法律上明確にすべきであるとして、長い間文化庁の審議会等で議論が続けられましたが、未だ結論は出ていません。

刑事

一方の刑事ですが、こちらは、通常は、海賊版の書籍やＣＤ、ＤＶＤを売りさばくといった〝真っ黒な〟著作権侵害のケースに関係します。著作権法は、刑事罰の対象となる行為（著作権法違反行為）を色々と細かく定めているのですが、一例として、海賊版ＣＤを売りさばくといった典型的なケースに関しては、10年以下の懲役または１０００万円以下の罰金と定められています（懲役と罰金をダブルでくらう可能性もあります）。

刑事の場合は、殺人事件や窃盗事件等と同じく、警察による捜査や逮捕などを経て、検察官が起訴し、裁判の場で犯罪行為（著作権法違反行為）を立証し、裁判所が判決を言い渡すという流れで進むことになります。このように、著作権侵害行為が行われたからといって直ちに刑罰が科されるのではなく、あくまで検察官が起訴をし、裁判所が有罪判決を言い渡して初めて刑事罰が科されますので、現実的には、相当悪質なケースに限定されるのが一般です。

親告罪

著作権法は、著作権法違反行為の多くについて、被害者（著作権者等）が、処罰を求める意思表示である「**告訴**」をした場合でなければ起訴できないと定めています。つまり、著作権侵害の事例で言えば、著作権者が「**侵害者は深く反省しているし損害賠償にも応じたので、刑事罰までは望みません**」と考えているケースや、そもそも侵害自体を把握できていないケース（特にインターネット上では、著作権者に無断でテレビ番組が動画投稿サイトに投稿されるケースなど、日々無数の著作権侵害行為が行われていますので、著作権者が把握できていない侵害行為というものは無数に存在します）、あるいは侵害に気づいていながら放置しているケース等では、告訴がありませんので、検察官は起訴をすることができません。このように、著作権者としては、侵害者の処罰を望む場合は、警察や検察に告訴状を提出する必要があり、こうした犯罪のことを「**親告罪**」と言います。

ＴＰＰによる一部非親告罪化？

一方、諸外国に目を向けると、日本のように著作権法違反行為を親告罪としている国は少数派で、多くの国では、被害者の告訴がなくても起訴ができるという「**非親告罪**」とされています。そんなこともあって、TPP協定により、部分的にではありますが、非親告罪化することが合意され、これを受け、著作権法違反行為の一部を非親告罪とする改正法が国会に提出され、成立しました。この改正法は、第10章で触れた保護期間の延長を含む法律（➡213ページ）と同じ法律ですが、そこで述べたとおり、〝トランプショック〟により、法律は成立したものの、施行できない状況となっています。

非親告罪化に関しては、**コミケ**での**同人誌**の販売や各種の二次創作行為（ニコニコ動画での各種**MAD動画**や**パロディ作品**の投稿等）が委縮するのではないかという強い懸念（著作権者が告訴をしていないにもかかわらず、警察が同人誌の販売者や作者を逮捕するのではないかといった不安の声）が示されたこともあり、最終的には、改正法では、非親告罪の対象は、海賊版を売りさばくといった極めて悪質なケースに限定されました。今後仮に何らかの形でTPP協定が発効し、改正法が施行されたとしても、実務上の影響はないと考えられます。

COLUMN　パロディ問題

著作権法上、昔から議論されている論点の一つとして、「パロディ」の問題があります。

一口にパロディと言っても様々なパターンのものがありますが、パロディと呼ばれる作品の中には、既存の著作物の複製や翻案、改変を伴うものも少なくありません。そして、パロディ作品という性質上、通常は「**あなたの作品をパロってよろしいでしょうか？**」なんてお伺いは立てませんので、既存の著作物の著作権者や著作者に無断でこうしたパロディ作品を創作することは著作権侵害、著作者人格権侵害に該当するのではないか、という問題提起がされているというわけです。

なぜこうしたことが議論になるかと言えば、フランスやスペインの著作権法には、パロディＯＫという権利制限規定があったり、アメリカでは、フェアユース規定（↓１７５ページ～）によってパロディが著作権侵害に当たらないといった判断がされていたりする一方、日本の著作権法には、パロディＯＫという権利制限規定やフェアユース規定といった、パロディを許容する権利制限規定がないからです。

そして、こうした権利制限規定がない結果、著作権侵害になることを恐れてパロディ作品を創作することに対して萎縮効果が及ぶのではないかということが主張されており、フェアユース規定を日本でも導入すべきだという論拠の一つにもなっています。

私は、フェアユース規定はともかく、パロディＯＫという権利制限規定を導入することについては反対です。単純に「パロディＯＫ」という条文ができればよいのですが、内閣法制局による条文審査（→188ページ～）が立ちはだかる日本の場合、「パロディ」という用語を条文に使うことが許されるとは到底考えられませんし（内閣法制局は、既に著作権法や別の法律で使用済みの用語でないと基本認めてくれません。「パロディ」という用語を使用している法令は現状ありません）、「著作権侵害に当たるパロディ」の厳格な定義が求められることは必至です。ただ、そんなことは不可能に近いと思いますし、そもそも国が決めるようなものではないのではないでしょうか。

また、パロディOKの権利制限規定やフェアユース規定がないからといって、日本においてパロディ文化が発展していないかといえば、ニコ動文化や同人誌文化が花開いている現状を見る限り、決してそんなことはないと思います。さらには仮にパロディOKの権利制限規定やフェアユース規定が何らかの形で導入されたとしても、それは、あらゆるパロディを権利制限の対象とするものではなく、コミケで売られている同人誌がフェアユース規定で全てセーフになるかといえば、個人的には大いに疑問です。

思うに、日本の現状は、著作権者がパロディ利用にある種寛容で、権利主張をすることなく放置したり、黙認したりしているというもので、その結果、一定の秩序を保ってパロディ文化がいい感じで育っているのではないでしょうか。フェアユース規定の必要性については私も一定程度理解しているつもりですが、パロディ問題を持ち出してフェアユース規定の導入を主張することについては、正直疑問であり、何より、フェアユース規定を導入すれば同人誌等も含めて全て著作権者の意向にかかわらず著作権侵害でなくなるといった誤解を招きかねないという危惧を抱いています。

名誉回復措置等

以上、主に著作権を侵害された場合の効果について説明してきましたが、著作者人格権や著作隣接権についてもほぼ同じことが当てはまります。

たとえば、誰かが『ざっくりさくっと著作権』を勝手に『ガッカリガクッと著作権』と改題し、かつ著作者である私の名前を表示せずに出版した場合、著作権（複製権、譲渡権）の侵害に加えて、著作者人格権（氏名表示権、同一性保持権）の侵害にも当たりますので、私は侵害者に対し、著作者人格権侵害に基づき差止請求や損害賠償請求をすることができますし、侵害者は著作者人格権侵害を理由として刑事罰を科される可能性があるわけです。

なお、著作者人格権侵害や実演家人格権侵害がわざと行われた場合や不注意で行われた場合、著作者や実演家は、侵害者に対して、謝罪広告等を請求することができます（115条）。

第12章

権利処理

～著作権侵害をしないために～

前章では、著作権侵害をするとどうなるかについて説明しましたが、簡単に復習すると、著作権を侵害してしまうと、著作権者から「侵害行為をやめなさい」（差止請求）、「損害賠償を払いなさい」（損害賠償請求）という請求を受ける可能性があります。また、著作権者が刑事告訴をした場合、最終的に刑事裁判に発展し、懲役刑や罰金刑をくらう可能性があります。こういう説明を一生懸命しても、身近な問題として真剣に取り合ってもらえないことが少なくないのですが、現実は案外そうでもありません。

実際私は職業柄、著作権者の代理人として著作権侵害の警告書（「あなたの行為は著作権侵害に該当するので直ちに中止してください。中止しなければ訴訟提起等をせざるを得ません」という趣旨の内容証明郵便）をよく出していますし、逆に「著作権侵害の警告書が届いたのですがどうしたらよいでしょうか？」という相談を受けることもよくあります。そして、これらの中には、不幸にも最終的に裁判に発展してしまうケースも少なくありません。

さらには、テレビドラマの海賊版ＤＶＤをネットオークションで売りさばいたり、無断でインターネットにバラエティ番組の動画をアップロードをしたりした人に対して、著作権者を代理して刑事告訴をすることもよくあり、多くの場合犯人は逮捕され、中には刑事裁判に発展するケースも少なくありません。

また、裁判に発展せずとも、大きな社会問題となり、企業としての信頼を失うケースもあります。最近では、いわゆる「まとめサイト」「キュレーションサイト」で、他人の著作物の無断利用が横行していたとして、大きな社会問題になったことも記憶に新しいところです。

何が言いたいかというと、著作物が身の周りに溢れかえっているこの現代社会において、著作権侵害というのは案外身近なものであって、私たちは、仕事で業務を行うに際し、あるいは日常生活を送るに際し、著作権等の侵害をしないよう、日々十分に注意をしなければならないということです。

そこで、最終章では、適法に他人の著作物等を利用するためにはどうすればよいか、ということを説明したいと思います。

「権利処理」

保護期間が切れていない著作物について、著作権の内容となる行為を、著作権者に無断で行うと、権利制限規定が適用されない限り、著作権の侵害に当たります。言い換えると、①**自分が利用しようとしているコンテンツは著作物か**、②**保護期間中**か、③**著作権の及ぶ利用態様か**、④**権利制限規定は適用されないか**、のいずれの問いにもＹＥＳだった場合、著作権者に無断で利用を強行してしまうと著作権侵害に当たります（便宜上、著作権侵害に絞って説明をしますが、著作隣接権も同様です）。

こうした場合に、著作権侵害に当たらないように手当てすることを「**権利処理**」といい、大きく2パターンに分けられます。

自分が著作権者になる（著作権譲渡契約）

まず最初のパターンは、「**自分が著作権者になる**」というものです。自分が著作権を持っている著作物であれば、それをどう利用しようが原則自由ですので、これが最も確実な方法です。

著作権者になるにはどうすればよいかと言えば、著作権者との間で、（通常は対価を支払って）著作権を譲ってもらう契約をすればそれでOKです。ただ、一つ面倒な決まりがあり、著作権法27条、28条が規定する権利を譲渡の対象として契約書にちゃんと書かないと、これらの権利は譲渡対象ではない（＝譲渡人が引き続き権利を保有し続ける）と推定されてしまいます（61条2項）。たとえば、Aさんがある小説の著作権を小説家Bから譲り受けるという場合に、契約書に単に「**BはAに小説『〇〇』の著作権を譲渡する**」とだけ書いたのでは、その小説を翻訳等する権利や翻訳版等を利用する権利はBの手元に残ったままであると推定されます。その結果、Aはその小説をそのまま出版することはできますが、翻訳版を出版したり、映画化したりする場合には、Bの許可が必要になってしまいます。そのため、実務上は、契約書に「**BはAに小説『〇〇』の著作権（著作権法27条及び28条に規定する権利を含む。）を譲渡する**」といった規定を書きます。カッコ部分を書き忘れてしまうと後々厄介なことになりかねませんので、慣れないうちは「ちょさくけん」と打ち込んだ際に「著作権（著作権法27条及び28条に規定する権利を含む）」と変換されるよう単語登録しておくとよいかもしれません（本当にやると鬱陶しいことになる予感もしますが）。それはともかく、実際、こうしたカッコ書きを契約書に書き忘れたがためにトラブルになるケースも少なくありません。有名なところでは、昨今のゆるキャラブームの火付け役である「**ひこにゃん**」は、このことが原因で裁判沙汰になっています（最終的には無事和解が成立しています）。

もう一つ、著作権者でない人と著作権譲渡契約をしても意味がありませんので、相手が著作権者であることをしっかり確認してから契約することが重要です。実際、1990年代の日本の音楽シーンをリードし、一時代を築いた超有名作曲家が、自身が作曲したヒット曲の著作権を保有していないにもかかわらず、著作権譲渡契約を締結し、お金を騙し取ったとして逮捕され、その後有罪判決を受けるというショッキングな事件も起きています。

それから、著作権（著作財産権）は譲渡することができますが、著作者人格権は譲渡することができません（↓77ページ～）。したがって、予め改変が予定されている場合はそこも含めて合意をするなど、著作者人格権を意識した契約上の工夫も必要です。

著作権者から利用を許諾してもらう（ライセンス）

もう一つのパターンは、「**著作権者から利用についてＯＫしてもらう**」というものです。たとえばある漫画をインターネット配信する場合、その漫画の著作権者と契約をし、（通常は対価を支払って）インターネット配信をすることの許諾を得れば、著作権侵害には当たりません。このような契約のことを**ライセンス契約**と言います。著作権や著作隣接権に関するライセンス契約は、音楽、映像、プログラム等々、様々なジャンルで日常的に行われています。

ライセンス契約も色々注意点があり、隙のない契約にするには経験とスキル、そしてセンスが求められますので、特に重要な取引の場合は、著作権に詳しい弁護士のアドバイスを受けることをお勧めします。

著作権等管理事業者による集中管理

ところで、大量の著作物を利用する場合、その都度、著作権者と交渉し、ライセンス契約を締結し、対価を支払うというのは、大変面倒な作業です。たとえば、テレビ局やラジオ局は、毎日沢山の音楽、それこそ何百曲という楽曲を放送するわけですが、利用する全ての楽曲について、作詞家、作曲家の間で、楽曲を放送してよいか、対価をいくらにするか、利用期間はどうするかといった条件について個別に交渉し、契約を締結するのは、非常に手間がかかります。放送局としては、「どこかがまとめてOKを出してくれないかな」と思うのではないでしょうか。

また、有名なヒット曲の場合、テレビ、ラジオ、インターネット、コンサート、カラオケ、楽譜などなど、利用希望が殺到するわけですが、その全てに関し、作曲家本人が利用希望者と個別に利用の可否、対価の額等の条件交渉をするのはこれまた気が遠くなる話で、作曲家としては、「煩わしい契約交渉などに時間を取られるのは嫌だ。面倒なことは誰かに任せて自分は創作活動に専念したい」と思うのではないでしょうか。

こうしたニーズを満たすために、「**集中管理**」と呼ばれる制度、具体的には、**著作権等管理事業法**という法律に基づき、「**著作権等管理事業者**」と呼ばれる団体がまとめて権利を管理するという制度が、様々な分野で活用されており、最も有名で代表的な著作権等管理事業者は**JASRAC（一般社団法人日本音楽著作権協会）**です。

作曲家が曲を創作した場合、その作曲家がその曲の著作権を取得するわけですが、通常は、作曲家自身が著作権を持ち続けるのではなく、（多くは**音楽出版社**と呼ばれる会社を経由して）JASRACに著作権を譲渡します。その楽曲の利用希望者は、JASRACに利用申請をし、JASRACから利用許諾を得て、JASRACに対し、利用の対価を支払います。そして、JASRACが得た対価は、最終的にその作曲家に分配されます。歌詞に関しても同様です。

JASRACというと、著作権使用料を強引に取り立てる嫌われ者というような悪い言われ方がよくされ、最近では、音楽教室との訴訟も非常に話題を集めています（↓101ページ〜）。

しかしながら、私に言わせると作詞家・作曲家のために著作権をしっかり管理している真面目な団体ですし、少なくとも私が知っているJASRACの方々は、みなさん音楽と著作権をこよなく愛する熱心な方々ばかりです。そして、JASRACがうまく機能しているからこそ、スムーズな楽曲の権利処理が実現できているわけですので、少なくともこうした事実を正確に理解することもせず、ただただ感情的に悪く罵ったり、文部科学省・文化庁の天下り先であるといった事実と異なる内容を何の検証もなく無責任に発信するのはいかがなものかと思います。

なお、私自身も、ＪＡＳＲＡＣを巡って解決すべき問題点や課題が色々とあること自体を否定するつもりは毛頭ありませんし、ここだけの話、ごくごく稀にではありますが、無意識のうちに「Ｋ・ＡＳＲＡＣ」という文字を打ってしまうことだって、ないわけではありません（ただ、それはひとえにキーボード上で「Ｊ」のすぐ右隣に「Ｋ」が配置されていることが原因であって、決してＪＡＳＲＡＣへの悪意や偏見に基づくものではありません）。

COLUMN

「歌ってみた」「弾いてみた」

ＹｏｕＴｕｂｅ等の動画投稿サイトでは、「**歌ってみた**」「**弾いてみた**」と呼ばれるジャンルの動画が沢山投稿されています。既存の楽曲をユーザーが歌った様子を撮影した動画作品のことを「歌ってみた」、既存の楽曲をユーザーが楽器演奏した様子を撮影した動画作品のことを「弾いてみた」と言います。

自慢の喉や自慢の楽器の腕前を披露するには、別に自作の曲でやればいいわけですし、実際オリジナル曲で挑んでいる人も沢山いますが、動画を見る側としては、知らない曲よりも有名な曲の方が圧倒的に楽しいことから、有名な曲が選ばれるのでしょう。

ただ、自宅で歌ったり演奏したり録音したりする分には私的使用複製（↓157ページ〜）として権利者の許諾は必要ありませんが、これをインターネット上に投稿するというとなると話は別で、原則に戻り、著作権者の許諾が必要となります。

では、投稿者は一々許諾を得てから投稿しているかというと、律儀にそんなことをしている投稿者はほとんどいないと思われます。じゃあ「歌ってみた」「弾いてみた」は全て著作権侵害なのかというと、そうならないように関係者の工夫が凝らされています。

具体的には、ＪＡＳＲＡＣ等の著作権等管理事業者とＹｏｕＴｕｂｅ（Ｇｏｏｇｌｅ）等の動画投稿サイト運営者とが、管理楽曲を投稿することに関して契約を締結しており、ＪＡＳＲＡＣ等の管理楽曲であれば、「歌ってみた」「弾いてみた」といった形で投稿してもよいということになっているのです。本来投稿者が個別に権利者から得なければならない許諾を、予め動画投稿サイト運営者が投稿者に代わって得ているわけです。

以上は、楽曲や歌詞の「著作権」についてですが、ＣＤ音源を使用した動画の場合は、「著作隣接権」についても許諾を得る必要があります。著作隣接権については、たとえばニコニコ動画が一定のCDについて、投稿者に代わってレコード会社から利用の許諾を得ており、対象となっているCD音源については、自由に利用することができますが、楽曲や歌詞のように網羅的・包括的に許諾を得ているわけではないため、注意が必要です。

この点に関連して、近時、逃げ恥（ドラマ『逃げるは恥だが役に立つ』）の主題歌となった星野源さんの楽曲（『恋』）のCD音源をバックに、ドラマのエンディングと同様のダンスを踊る「踊ってみた」と呼ばれる動画の投稿が流行り、これに対して、『恋』の著作隣接権者である大手レコード会社が、当初一定のルールの下で投稿を許容していたものの、一定期間経過後は、投稿を認めず、削除請求をする方針になったことが話題になりました。なお、『恋』の「踊ってみた」作品に関しては、恋ダンスの振り付けの著作権も本来関係しますが、振り付けを担当したPerfumeやBABYMETALの振り付けでおなじみのMIKIKO先生は、『恋』の「踊ってみた」作品を許容する姿勢を示しているため、振り付けに関しては、著作権侵害という問題は生じないことになります。

権利者不明の裁定制度

以上、権利処理について縷々説明をしてきましたが、以上の説明は、あくまで著作権者が誰だか分かること、そして著作権者とちゃんと連絡が取れることが前提となっています。しかしながら、特に創作や公表後、長い年月が経過した作品などは、そもそも著作権者が誰か分からないものも少なくありませんし、著作権者が誰かは一応分かるものの、肝心の連絡先が分からないという事態も往々にして起こります。つまりは、著作権者から利用の許可を得たいのに許可を得るべき相手が分からない、連絡先が分からないので連絡が取れない、という著作物です。こうした著作物は、「**孤児著作物**」「**オーファンワークス**」と呼ばれ、その権利処理等は、全世界的に問題となっています（↓70ページ）。

日本の著作権法には、このような場合に、利用を諦めなくてもすむように、「**権利者不明の裁定制度**」という制度が用意されています。この制度は、著作権者が不明である等の理由により、相当な努力をしても著作権者と連絡が取れない場合には、文化庁長官の裁定を受け、文化庁長官が定めた金額を供託すれば、適法にその著作物を利用できる、というものです。

権利者不明の裁定制度は、昔からありましたが、使い勝手が悪い等の問題により、制度の利用者は多くありませんでした。そのため、使い勝手の向上を目指してここ最近、法律改正や運用の見直し等が行われており、一例として、裁定申請後、文化庁長官の裁定が出されるまでの期間が長いという問題点を解消するため、裁定が出る前であっても一定の担保金を供託すれば利用を認めるという「**裁定申請中利用制度**」が導入されています。

また、従来は著作物のみが対象でしたが、現在は実演等も対象となっており、これにより、「昔のドラマをインターネット配信したいが、端役の俳優さんの連絡先が分からない」といったケースに裁定制度を活用することも可能になっています。なお、YouTubeで「裁定制度」と検索すると、**文化庁幹部が同制度をご機嫌なラップ調（？）で猛アピール**するという、何とも言えずシュールな動画を見ることができますので、話の種に是非ご覧ください。

裁定制度のさらなる見直しを含め、孤児著作物対策は、現在、大きな課題として検討が進められています。

おわりに

最後までお読みいただき、ありがとうございました。

自分なりにではありますが、著作権制度の概要を「ざっくりさくっと」学んでいただけるよう、適宜トレンド的な話題も盛り込みつつ、柔らかい文章で分かりやすくまとめてみたつもりです。ストレスなく楽しく読んでいただけたとすれば、そして、著作権制度に少しでも興味を抱いていただけたとすれば、こんなに嬉しいことはありません。

超入門書という性質上、本書には細かい条文や論点の解説や裁判例の分析等はほとんど含まれていませんので、さらにステップアップを目指す貪欲な方は、この後に紹介します参考文献を是非お手に取ってください。そして、マニアックな著作権の世界にどっぷり嵌っていただければと思います。

また、著作権制度は、ＩＴ化、グローバル化の影響を大きく受ける制度であり、法律や実務、裁判例等の進展が激しいですので、常にアンテナを張り、最新の情報をキャッチアップすることを意識してください。ＳＮＳ社会では、幸いそう難しいことではないはずです。

加えて、本書でも少し触れましたが、(著作権問題に限りませんが) 巷で流れている情報は不正確なものも少なくありませんので、常に疑い、自分の頭で考えてみてください。

そして何より、私は、著作権法を学ぶには、ただ単に法律の条文や判例、解説書等と向き合っているだけではなく、「コンテンツ愛」を常に胸に秘めながら学ぶことが最も重要だと思っています。音楽、映画、文学、美術、写真、ゲーム……、こうしたコンテンツ、そしてそれを生み出すクリエーターへの深い愛情なくして著作権法の真の理解はあり得ません。

だからというわけではありませんが、もし本書を二度三度と読み直していただけるのであれば、できれば素敵な音楽を聴きながら、そして美味しいワインでも飲みながら気楽に読んでいただけると嬉しいです。

最後に、本書の元となった連載「ざっくりさくっと著作権」を企画していただいたCRICの片田江様、ご担当の岡本様、「ざっくり〜」の愛読者であり、本書出版のきっかけを作っていただいた日本経済新聞社の竹内様、本書の編集をご担当いただいた日本経済新聞出版社の長澤様に対して心より御礼を申し上げます。まさか自分が日経文庫から新書を出せるなんて、今でもまだ夢のようです。本当にありがとうございました。

そして、いつも支えてくれる家族へ、「アイシテマース!」。

主要参考文献

【入門書として】

島並良・上野達弘・横山久芳『著作権法入門』（第2版、有斐閣、２０１６年）

【基本書として】

中山信弘『著作権法』（第2版、有斐閣、２０１４年）

高林龍『標準　著作権法』（第3版、有斐閣、２０１６年）

作花文雄『詳解著作権法』（第4版、ぎょうせい、２０１０年）

【辞書として】

加戸守行『著作権法逐条講義』（六訂新版、著作権情報センター、２０１３年）

半田正夫・松田政行編『著作権法コンメンタール1〜3』（第2版、勁草書房、２０１５年）

池村聡『著作権法コンメンタール別冊平成21年改正解説』（勁草書房、２００９年）

池村聡・壹貫田剛史『著作権法コンメンタール別冊平成24年改正解説』（勁草書房、２０１３年）

【判例集として】

小泉直樹・田村善之・駒田泰土・上野達弘編『著作権判例百選』（第5版、有斐閣、２０１７年）

【実務解説書として】
福井健策・二関辰郎『ライブイベント・ビジネスの著作権』（2015年、著作権情報センター）
内藤篤・升本喜郎『映画・ゲームビジネスの著作権』（第2版、著作権情報センター、2015年）
前田哲男・谷口元『音楽ビジネスの著作権』（第2版、著作権情報センター、2016年）
桑野雄一郎・赤松健『出版・マンガビジネスの著作権（第2版）』（著作権情報センター、2018年）
福井健策・池村聡・杉本誠司・増田雅史『インターネットビジネスの著作権とルール』（2014年、著作権情報センター）
以上、福井健策編「エンタテインメントと著作権――初歩から実践まで」シリーズ
安藤和宏『よくわかる音楽著作権ビジネス基礎編』（4th Edition、リットーミュージック、2011年）
安藤和宏『よくわかる音楽著作権ビジネス実践編』（4th Edition、リットーミュージック、2011年）
内藤篤『エンタテインメント契約法』（第3版、商事法務、2012年）
井奈波朋子・石井美緒・松嶋隆弘編著、棚橋祐治監修『コンテンツビジネスと著作権法の実務』（三協法規出版、2015年）
日本新聞協会研究所編『新聞と著作権』（1993年、日本新聞協会）

【業界専門誌として】
月刊コピライト（著作権情報センター、会員用非売品）

た　行

な　行

は　行

ま　行

や　行

ら　行

わ　行

索引

あ　行

か　行

さ　行

【著者略歴】
池村　聡（いけむら・さとし）
弁護士（森・濱田松本法律事務所所属）。1976年群馬県前橋市生まれ。99年早稲田大学法学部卒業、2001年弁護士登録。09年文化庁著作権課出向（著作権調査官）。主な著書に『著作権法コンメンタール別冊平成21年改正解説』、『著作権法コンメンタール全3巻』（共著）など。

日経文庫1382
はじめての著作権法

2018年１月15日　１版１刷
2022年９月20日　　　２刷

著　者　池村　聡
発行者　國分正哉
発　行　株式会社日経BP
日本経済新聞出版
発　売　株式会社日経BPマーケティング
〒105-8308　東京都港区虎ノ門4-3-12

装幀 next door design
DTP マーリンクレイン
印刷・製本 シナノ印刷

ISBN978-4-532-11382-7
Printed in Japan